孔祥秋——著

张爱玲传

爱是一生的磨难

EILEEN CHANG

台海出版社

图书在版编目（CIP）数据

张爱玲传：爱是一生的磨难 / 孔祥秋著. -- 北京：台海出版社，2021.7

ISBN 978-7-5168-3018-5

Ⅰ. ①张… Ⅱ. ①孔… Ⅲ. ①张爱玲（1920-1995）—传记 Ⅳ. ① K825.6

中国版本图书馆 CIP 数据核字（2021）第 099652 号

张爱玲传：爱是一生的磨难

著　　者：孔祥秋

出 版 人：蔡　旭　　　　封面设计：仙境

责任编辑：吕　莺

出版发行：台海出版社

地　　址：北京市东城区景山东街 20 号　邮政编码：100009

电　　话：010-64041652（发行，邮购）

传　　真：010-84045799（总编室）

网　　址：www.taimeng.org.cn/thcbs/default.htm

E-mail：thcbs@126.com

经　　销：全国各地新华书店

印　　刷：天津行知印刷有限公司

本书如有破损、缺页、装订错误，请与本社联系调换

开　　本：880 毫米 × 1230 毫米　1/32

字　　数：192 千字　　　印　张：9

版　　次：2021 年 7 月 第 1 版　印　次：2021 年 7 月 第 1 次印刷

书　　号：ISBN 978-7-5168-3018-5

定　　价：52.00 元

序

她是为文字而生的传奇，她是以文字为生的凡人。

她，就是张爱玲。

她是孤傲的、华丽的、纯粹的，也是卑微的、苍白的、单调的。

她是善良的、执着的、炙烈的，又是刻薄的、敏感的、冷漠的。

她的文字风华绝代，她的文字惊世骇俗。

读她的文字，如见江南绸缎，丝线细细密密的交错里，织起了一大片绚丽的花，突然却不突兀，那样惊艳！她的作品，便是那织锦缎丝、镂金碎花的旗袍，高雅而华贵，一如她高贵的出身。

生于乱世，家族没落，但那豪门的贵气还没散尽，她骨子里与生俱来的高贵、优雅，现实世界的冷酷、残忍，共同造就了一个独一无二的张爱玲。

张爱玲，她有名贵之身，也有尘埃之心，就像身出名门的她，却有一个俗到乡野的名。

表面高傲的张爱玲，骨子里是极度自卑的，父亲抽大烟、母亲出国，后来父母离婚，张爱玲几乎从小就没有得到父母的爱和家庭的温暖。因为缺爱，她的内心渴望爱情。然而，高贵和才情，让她有了更多的矜持。她将自己的爱紧紧地包裹在绸缎里，关着那青春的门。

胡兰成来了，试探地敲响了这扇门。张爱玲如遇知音，放下所有的矜持，忘了耻与辱，扑身向爱。

可是，胡兰成没有给张爱玲所谓的“岁月静好、现世安稳”，反而成了她躲不过的浩劫。这段感情，散了张爱玲的高贵之气，乱了她的一世才情。散了，乱了，张爱玲再无安稳，几番辗转，又添道道伤痕。

张爱玲说：“不爱是一生的遗憾，爱是一生的磨难。”

这话，听起来让人心疼；这话，磨砺了她一辈子。亲情零落，爱无着落，只有文字是她唯一的暖。

目录

第一章
天光云影一座城

第二章
伤城

第一章 天光云影一座城

上海，是一座璀璨的城。

然而，城的璀璨却是因为人，有了人的璀璨，才有那城的璀璨。

那，是乱世。

那时，上海，却是极致的喧闹。

古与今，中与西，在大地和大海的肌肤之亲间，上海呈现出惊艳的五彩斑斓。

上海，这一座天光云影的城市，每一步的行走里，都有传奇的相遇。

不期而遇，那锦衣锦心的女子，她，就是张爱玲。

壹 从锦绣里走来

张爱玲，真的不是一个突兀的存在，她实实在在是一个从锦绣里走来的女子。

“我们也许没赶上看见三十年前的月亮。年轻的人想着三十年前的月亮该是铜钱大的一个红黄的湿晕，像朵云轩信笺上浇了一滴泪珠，陈旧而迷糊。老年人回忆中的三十年前的月亮是欢愉的，比眼前的月亮大，圆，白；然而，隔着三十年的辛苦路往回看，再好的月色也不免带点凄凉。”

这文字，张爱玲写在《金锁记》里。

窗前月亮的历史，不正是她们张家的历史！

她，懂得那一直往下沉的月色。往下沉的，还有一片片梧桐叶的凋零。

张爱玲的外曾祖父，是大名鼎鼎的李鸿章。

作为晚清重臣，李鸿章还是很有想法的，他不仅是洋务运动的倡领者，并组建了中国第一支西式海军——北洋水师。只是，随着清朝的颓废，他也颓废下来。尤其是甲午之败后，他在众多不平等条约上留下了自己的名字，成了万众口诛笔伐的铁证。

张爱玲的祖父叫张佩纶。

与李家那种豪门相比，张家的家势是弱了一些。张佩纶作为“清流党”的重要一员，以直言上谏让朝中大臣望而生畏，也曾闻名一时。但终是落魄官场，流放远方；在这浪荡的路上，第二任妻子也亡命京城，他都无力回望一眼。

命运，其实是慈悲的，不想有太多的人悲伤到极点，总会在人绝望的刹那，施以援手。

张佩纶在他最失落的时候，得到了李鸿章的青睐，成了李府的座上客。更出乎人们意料的是，李鸿章竟然还将自己的爱女许配给了他。

这位李家千金，岁值芳华，才貌俱佳，可谓“貌比威、施，才同班、左，贤如鲍、孟，巧夺灵、芸”。

而张佩纶时年已是不惑，不仅脾气古怪，况且他曾经前后有过两段婚姻，再者，还是一个失意仕途的罪臣。

鲜花与荆棘的相配，那是江湖上的景致。

这段佳话，还被曾朴写成了《孽海花》里的传奇。

那是一个明媚的日子，张佩纶应邀来到李鸿章的府第，却在李的卧室里遇到了一个美貌的姑娘。待将退身回避时，李鸿章却唤道：“贤弟进来不妨事，这是小女呀——”

小姑娘侧身道了万福，脸色一红，飞也似的逃了去。

一个当朝的股肱之臣，一个落魄的失意官僚，有什么政要可谈？也不过是些风来云往的闲言。张佩纶见身侧的桌子上有一本署有“祖玄女史弄笔”的绸面册子，也就随手翻了几下，不想，恰巧关于中法之战的两首七律诗映进了他的眼帘：

（一）

基隆南望泪潸潸，闻道元戎匹马还；
一战岂容轻大计，四边从此失天关。
焚车我自宽房琯，乘障谁教使狄山；
宵旰甘泉犹望捷，群公何以慰龙颜。

（二）

痛哭陈辞动圣明，长孺长揖傲公卿；

论材宰相笼中物，杀贼书生纸上笔。

宣室不妨留贾席，越台何事请终缨；

豸冠寂寞犀渠尽，功罪千秋付史评。

中法马江之战，正是当时主战的张佩纶请缨临敌的一战，因时局危艰，掣肘种种，最终一败涂地。

张佩纶从这两首诗中读出了诸多的体谅和宽慰，顿时千般滋味涌上心头，不觉两眼发红，热泪涌流。

李鸿章则在一旁笑意满脸地对张佩纶说，“这是小女的涂鸦之作”，并请他为女儿物色一个“和他一样”满腹经纶的佳婿。张佩纶稍一愣怔，就心领神会。

张佩纶满心欢喜而去，不日就上门提亲，很快和这位相门千金成就了百年之好。

身为相门之女，怎可以如此屈身下嫁？李府上下，无不哗然，很为小姐不忿。相传李鸿章的夫人，更是以死相挟，不同意这门亲事。

李鸿章这位叫着菊耦的女儿，却向母亲深施一礼，款款地说道：“爹爹的眼力必定不差。”

李鸿章一生宦海纵横，眼光自然独到。

袁世凯曾经说："天下翰林真能通的，我眼里只有三个半，张幼樵、徐菊人、杨莲府，算三个全人，张季直算是半个。"

张幼樵，就是张佩纶。

然而，就这段婚姻而言，似乎李鸿章的爱才之心，胜过了他的爱女之心。

若是清朝还能苟延残喘，也许张佩纶还有翻身的机会。李鸿章也曾多次试图拉他一把，但张佩纶没能挽回颓势，一败再败。

也许，张佩纶真有锦绣之才，但香车宝马娶了李家小姐之后，宅第中并没因了这喜气而日子云蒸霞蔚起来。

在李鸿章故去一年后，张佩纶以五十余岁的年纪，在失意中抑郁而去，他在弥留之际叹道："死即埋我于此。余以战败罪人辱家声，无面目复入祖宗邱垄地。"

一代名臣，如此悲情，让锦绣的门楣渐起苍凉的啸风。

说什么地老天荒，说什么海枯石烂，哪抵得了流年颠簸？也许走着走着，谁就成了路边的一堆黄土，从此野草丛生。人生原本无常。

耦字，意为二人同耕。

享尽了荣华富贵的李菊耦，或许并不苛求张佩纶再铸辉煌，只望男耕女织，共享平常烟火。但张佩纶与她相伴不过十余年就驾鹤西

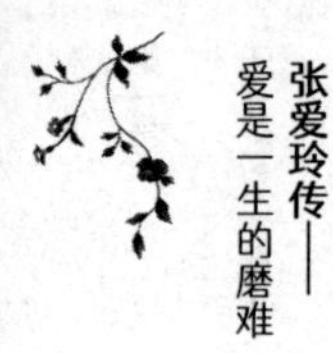

去。她那看似素淡的愿望也这般落空，想来她心中是有几分失意的吧？

数年之后，她也一病不起，撇下了一双儿女，香消玉殒。

张佩纶虽然耻于黄泉与列祖列宗相见，但他的尸骨还是归了故土，与他的最后一位妻子李菊耦合葬于河北唐山的郊外，那小小的墓丘，因没有后人打理祭奠，孤零零地沉寂在衰草之中。

张佩纶和李菊耦留下一双儿女，儿子叫张志沂，女儿叫张茂渊。

张志沂，又叫张廷重，是张爱玲的父亲。

作为一代遗少，张廷重承袭了父亲张佩纶的颓废，茫然地活在张李两家重重的阴凉里，不肯面对疾风狂雨，更不想躬身于时光。

他一点一点从墙壁上刮下金粉，来粉刷自己的脸面。吃，是玉食；穿，还是锦衣。在前呼后拥的仆人中，努力模仿着祖辈们迈出的步伐。只是，天下已经不是大清的繁华，街头的浪潮时不时打他一个步履踉跄。

只有大厅里那把红木躺椅，能让他找到奢华的感觉；他把芙蓉膏按进烟枪，彻底地寻味着命运虚无的巅峰。

那是他念想里的世界，与朝代无关，一朵一朵璀璨的花，开在烟雾里，灿烂无边。

张家府上的佣人，也迈着同样妖娆的步子，哼着迷离的曲调。有时候被阴冷的潮气呛了嗓子，还会狠狠地咒骂两声。他们以为，宅院还是从前的宅院，威仪应该还是从前的威仪。全然无视角落里渐渐多起来的绿苔，也许在他们的想法里，那是重铸辉煌的生机，是春风再起的鲜活。

张佩纶虽然已经落魄，但还是有很不错的家势的，再就是李鸿章为女儿陪嫁的无数厚礼，足以让这一脉家庭奢华而生。

相传，几十年后，到了张爱玲的父亲这辈，张家还保留着天津、河北等多地大宗的田产，以及花园式的洋房多达八处。

的确，那院落曾经何等豪华，亭台楼阁之间，溪水曲桥，修竹瘦梅。然而，随着清朝的没落，张家早已失去了往日的荣耀。正如张爱玲笔端那轮陈旧的月亮，也是一样的黯然了，打在那瓦檐上，打在窗棂间，是那样一缕缕软弱无力的幽怨。

其实，除了光阴，没有什么是不腐朽的，世间万物都会在时间的噬咬下，渐渐碎成烟尘，乱了，散了，淡了。

一面面铜镜，总是叹息着一代一代的沧桑，日子已经面目全非。

在张爱玲的笔下，不管是《倾城之恋》中的白公馆，还是《金锁记》中的姜公馆，那些旧房舍虽然还没有到坍塌的地步，但里里外外已经黯然一片，再没了耀眼的光彩。那潮湿霉变的味道，日渐浓重；而那沉重的高墙，又顽固地拒绝着所有的风。

而这些，正是张家府第那时的色彩，没有青砖初出炉火时的坚韧

与厚重，指甲儿一抠，就是满手的尘粒，还常常飞到饭碗里，让人难以下咽。

然而，贵族的血统让他们不想苟且生活。他们总以骄傲的步子走过长街与短巷，即便是在无人的地方，也会耸一耸自以为是的肩膀，从而呈现出不入俗流的身份。其实，这不过虚张声势的空虚罢了，那种内心里的自卑，时不时地噬咬着他们。渐渐地，渐渐地，如他们的宅院一样，漫漶着一片片的苔藓。

他们，呼吸着自己的味道，已经太习惯自己的这些味道。就像泥鳅，慢慢习惯了阴沟里的腐臭。花香和阳光，是另一个世界里似有似无的传说。

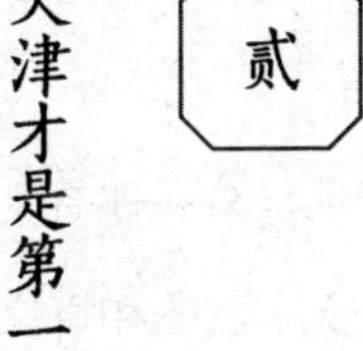

贰 天津才是第一个家

张爱玲的童年都是在大都市里度过的，虽遭乱世，虽然家族的风光已不再，虽然藏在深宅里，但那时光是精致的、可心的。

上海，1920年，一个秋日。

一阵粉嫩的哭声打破了公共租界一处公寓的宁静，一个女婴来到了世间。那天，是农历八月十九，圆月正在向下弦亏败，正是寒意向浓的季节。这个被父母取名张煐的孩子，就是后来唤作张爱玲的女子。

逢了亏月，逢了凉风，更逢了家道中落，这或许注定了这个女孩的一生，寒意袭身，寥落凄冷。

周岁的那天，家人给小张煐准备了还算隆重的抓周仪式。毕竟是名门世家的孩子，该有的仪式是少不了的。

大大的红漆盘里，放了毛笔、顶针、铜钱、书本、银酒杯等等，一只小手在那诸多的物件里摸索着，抓起了一支毛笔。

毛笔——在老旧的思想里，女子和笔墨并不算好的缘分，偶有文冠天下的红颜，也多惹了光阴的不喜欢，难免身世凄凉。能和卓文君、李清照般与爱的人唱和光阴的女子，实在少之又少。就算薛涛，就算朱淑贞，就算蔡文姬，不都是一生霜雪，寒瘦了年华。

关于这次抓周，张爱玲则在她的散文《童言无忌》中写到过，说她当时抓的是笔和金镑。

金镑——张爱玲说，钱，可以买来她想要的。于是，爱财成了她一生的本能。

好在，她第一把抓起的是笔，又逢了女子正走向前台的民国。

说起来，黄素琼也是名门之女。

黄素琼的祖父黄翼升是清末长江七省水师提督，和李鸿章有交集；黄素琼的父亲黄宗炎也是权倾一方的高官。

黄素琼是一个心性非凡的新派女子。小小的脚，却有大大的步履。

黄素琼优雅知性，窈窕聪颖，而且高鼻深目极有异国风情。张爱玲在《对照记》中这样写她的母亲，说她是“踏着三寸金莲横跨两个时代”的新潮女子。

黄素琼与张廷重被赞为“金童玉女”的婚配，一时成为人人羡慕的豪门联姻。有谁知，就这样看似美满的姻缘，也仅仅是昙花一现的风光，两人情感上很快产生了裂痕。

同为名门之后，张廷重深陷父辈的窠臼，萎靡无法自拔，而黄素琼却在新潮的思想里自在呼吸，成了极为开化的一代女性。黄素琼积极地行走社会，学外语，弹钢琴，练裁缝……广交天下朋友。

对于生命的起点上海，张爱玲是没有什么记忆的，那时她实在太小，稚嫩的脚步还不曾走遍张家公馆的每个角落。懵懵懂懂中就被母亲的手牵拉着离开了上海滩。她，还回头看了一眼这城。可，能看得懂什么呢？这城，太过宏大，太过复杂。更不会说一句，此去几时回。

窗外，那排湘妃竹，无缘无故地枯了，旧的泪斑，又添了新的瑟缩。

繁华里，尽是欢声；落寞里，多有幽怨。

说来，张廷重比他的父亲更有郁闷的理由。

张佩纶虽然落寞半生，但毕竟曾在朝廷的殿堂前行走，有过岁月的激昂，而张廷重，自小学的是八股文，待他自以为学业有成，期待

高中皇榜、光耀门庭的时候，科举废了，大清亡了。他在茫然中恨着时代让他失去了登堂入室的机会。

北上，并不是张廷重有了什么新的追求，而是因为职场上的浑浑噩噩，生活中的怨天尤人，使他和二哥张志潜有了许多的言语摩擦，于是，他气呼呼地举家迁到了天津。

天津卫的那座洋房，虽然比不了上海的公寓，但依然是很豪华的，就算在那英租界里也是很有气势的。

没有了上海十里洋场的喧嚣，也没有了兄嫂的训斥，张廷重倒也落得清静。他将身心所有的沮丧，尽情地摊散在父亲留下的这所老宅里，肆无忌惮地纵情声色，放荡自己。

在张爱玲出生后的第二年，她的弟弟张子静也来到了世间。

对于弟弟出生，张爱玲是有所排斥的，弟弟虽然是个男孩子，却是格外秀气，再加上柔弱的体质，似乎更多了几分可爱的乖巧，也就无形中夺去了家人本应给予她的喜欢。

张爱玲和弟弟张子静的关系很是疏离，后来，甚至可以说冷漠到竟然不如路人。

天津，的确是张爱玲和弟弟童年最美好的时光，纯真，而宁静。“那一年，我父母二十六岁。男才女貌，风华正盛。有钱有闲，有儿有女。有汽车，有司机；有好几个烧饭打杂的佣人，姊姊和我都有专属的保姆。那时的日子，真是何等风光啊！”张子静晚年的回忆，还是蕴含着无限深情的，这也是他心中仅仅的一片温暖的色彩。

黄素琼要做新女性，张廷重纵情声色，两个幼小的儿女，完全交给了家中的仆从。

张爱玲的童年，是在仆人的手里绽放的。

张爱玲和弟弟身边各有一个专职女佣。照顾弟弟的叫作“张干”，也就依了小主是男孩子的缘故，她特别地专横，甚至时常对张爱玲显露出几分蔑视和嘲弄。

对于这位佣人的偏心，张爱玲曾在她的《雷峰塔》里写到过。

弟弟若吃饭掉了筷子，张干就会说这是好兆头，“筷子落了地，四方买田地”。若是她掉了筷子，张干就会说：“筷子落了土，挨揍还吃一嘴土。”

小孩子，也就很不服气，便回嘴说她也能买田地。这，又难免惹张干一通数落。

张爱玲的贴身佣人，唤作“何干”。或者是心虚于带的是一个女孩子，何干也就时时让了张干几分，哪里也不敢有什么争抢，不得不让小张爱玲有所忍让。

从小要强的张爱玲，觉得受了许多的委屈，就特意将怨气转嫁给了弟弟，而且为了争取更多的平等，就格外地努力，处处里，总想胜出弟弟一筹。

张子静在后来回忆张爱玲的时候说："她不必锐意图强，就已经胜过我了。这不是男子性别的问题，而是她天赋资质本来就比我优厚。"

好在那时候他们都小，彼此的世界里，还多是嬉戏笑闹。

春日阳光下的那副秋千，是张爱玲记忆里难得的暖色。随着桃红色的裙裾在空中悠来悠去，她小小的心干净得那么轻盈，像梦里的云朵。

她看到了天，也感觉到了天的亲近，像童话。

弟弟弱小，是不敢上那秋千架的，却不忘在那里舞了小手欢呼。

这是张爱玲第一次飞起来。其实，也是她一辈子唯一一次飞起来。

"小小狗，走一步，咬一口。"

累了，小爱玲就会坐下来，一边喝一碗甜而小涩的六一散，一边哼唱着谜语书上的句子。她知了谜底是剪刀的时候，直笑得咯咯地发癫。弟弟不懂，却也在一旁笑。

张爱玲和弟弟，就像老檀香桌上两棵小花小叶的水仙，是那旧宅院里往下沉的时光中的两点生机、乐趣，尽管后来的日子还是惹了许多的悲情。

天井的一角放着个青石砧子，总有个清瘦的男人在上面用毛笔蘸了水练习写大字，嘴里说些家国天下的豪言壮语。小爱玲喜欢他写字的样子，更喜欢他说道些《三国演义》类的故事。

明明喜欢，张爱玲却毫无来由地给那个人取了个“毛物”的名字。毛物的老婆，也自是被她唤作了“毛娘”。其实这也是一个很有趣的女子，因为满肚子都是“孟丽君扮装中状元”的老戏文。

还有一个老人，总是坐在藤椅里，举止那么苍凉。这是张爱玲的堂伯父。偶尔见到小爱玲，会说上一句，“背个诗给我听”。

“商女不知亡国恨，隔江犹唱后庭花。”

小爱玲的吟哦总是那么欢快，但每每听到这两句的时候，这位伯父都是默默地流一脸的泪。

小爱玲便会停了吟唱，怯怯地叫一声，“二大爷”。

小小的心哪懂了夕阳里的悲情，一个王朝的没落，总会有遗老遗少和晚霞一起沉下去。那是一群落单的人，是的，一群，成为那废墟上还苟延残喘的旧物件，落了尘，生了锈，腐烂个透心凉。

废墟，总会惹些叹息；而崛起的万千广厦才值得歌唱。

流连的，多是落伍的。回头看，其实真的什么已不存在。

对于还是孩子的张爱玲来说，天津的日子并不是特别明媚，但却是她心里最早的确定。

“第一个家是天津。”

虽然生在上海，她却觉得天津才是家最初的模样，是她真正常常称为家的地方，毕竟这里有“春日迟迟”的感觉，呼吸里是许多的快乐。

当然，那些潮腻的味道，那些颓废的阴影，让一颗活泼的心灵难以无拘无束地行走。

可她，终究是天真的，花骨朵一样试探着四围。

太有色彩的母亲、太无光彩的父亲

张廷重、黄素琼，一个孱弱，一个刚强；一个守旧，一个逐新。

或许，他们本应是互补的完美拼图。结果，却是阴阳的错位。

张廷重卧在潮湿的窗帘后面，懒散地拿着大烟枪，有气无力地吞吐着。他从不去想门外是什么，浓浓的烟雾包裹着他的白天，以及夜晚。女儿和儿子在天井里欢快的笑声，也不能使他意识到外面的世界。

窗帘的确太厚了，他没有扯开的力气和勇气。对于他，他的世界早已没有阳光明媚。他躲在阴暗处，就像一只半死不活的蟑螂，拖着被打烂了的腹尾，满身污秽。

支撑他傲慢的，只剩下深层里的自卑。

零乱的市井小报，摊满床榻和桌椅，甚至是地板。他想要从字缝里寻找些许的宽慰。那个时代，或许只有这些纸张的边角，还有一点生趣。偶尔，能使他嘴角上扬，浮泛地笑上一声。此刻，他才会让小爱玲靠近一些。因为唯有这样的时刻他身上才有了淡淡的属于父亲的温度。

颓废，在安静中更加颓废。

命运不是不给机会，可很多的时候，人总是被自己的怨气和沮丧耽搁。

张爱玲回忆说，父亲那刻是寂寞的，寂寞的时候，他才需要她。

后来，张爱玲也喜欢在屋里摊一片市井小报，乱乱的，像一隅杂草刈割在地的荒野。

她，也是寂寞的。

好在父亲还读《三国演义》《红楼梦》式的大文本，因此小爱玲的灵魂里，早早地有了文艺的筋脉。她和书，是那时候寂寞的唯一伙伴。

和黄素琼的婚姻之喜，其实并没有使张廷重打起几分精神来，他不过像刷了一层绿油漆的旧木头，空有一身新装。不多时日，那浅浅的好气象就斑驳了。

上海和温州的辗转，他总是意气沉沉的，一切都得过且过。到了天津，他更是放荡了，大烟抽得愈加频繁，狎妓已是家常便饭，别院里还养起了女人。

张廷重，作为一个男人的存在，似乎仅此而已。他的日子，每天都是懒洋洋的阴天。

男人，就算你有千般的借口，可作为一个丈夫和父亲，那些都不是理由。

女人，就像一棵藤蔓植物，多有依恋，虽有坚韧，但却难以耸立，无力挺拔。女人即便努力活成一棵树，也改变不了内在的脆弱和柔软。女人的生命，需要花开，期盼蝶舞。

一个女人，很难帮扶起一个心已腐朽的男人。

“那些，都回不来了。”黄素琼千唤万唤，却唤不起张廷重昂起头来。她渴求的目光，终于变成了鄙视的眼神。

她省下吵架的力气，重新给泪水冲花的脸补上了妆。她，不想就此陪一个男人哭哭啼啼地耗费年华，就此谢了春红。她，不是一个逆来顺受的女人，于家，于那个乱世，都不是。

面对那个乱世，堂堂七尺男儿的张廷重，竟然真不如一个女子积极洒脱，竟连一点挣扎的表示都没有。

她醒来。醒来的她，看到了梦的样子。

舞池、琴弦、画笔，成就了她灵魂的飞翔。

她出入张家门楣的步子，那么轻快。尽管，那是一双包裹了二十多年的小脚。

她的影子飘忽匆忙，不像女主人，倒像一个不定的寄居者。正像张爱玲后来说的，那时，感觉不到母亲的存在。

“我记得每天早上女佣把我抱到她床上去，是铜床，我爬在方格子青锦被上，跟着她不知所云地背唐诗。她才醒过来总是不甚快乐的，和我玩了许久才高兴起来。”

张爱玲这样忆起母亲，那时候的情感是浮泛的，隔了一层毛玻璃的样子；而父亲的存在，只是角落里潮湿的一团。

在植物的世界里，有一个现象让人思量。

春天里，那些看似弱势的野菜，总是早早地打起精神，这里那里地绿起来，逗引着人们欢快的脚步；秋天，那些看似韧性的野草，却是早早地败下阵来，大片大片枯黄，而野菜却还星星一样地亮着，不说霜寒。

张廷重，是八岁失去了父亲的。

其实，父亲张佩纶生前也没给他树立什么男人的刚强。一个落魄的官吏能有啥豪情万丈的底气呢？只有奄奄一息的叹喟罢了。母亲李菊耦，终究是一个女人，是不能从外祖父李鸿章那里继承纵横官场的霸气的。

毕竟是一个相门小姐，李菊耦懂得“诗书济世，忠厚传家”。她唯一的希望就是儿子，她要培养儿子，让他读最好的学堂，以其振兴门楣。但她又怕儿子和那些纨绔子弟混在一起。她不肯让张廷重穿锦衣华服，只是给他一身旧红破绿的布衣，这，难免惹得同学们一通嘲笑；而更难堪的是，她还让他穿一双旧时的绣鞋，张廷重不敢走大路，只是顺着墙根，灰溜溜地独来独往。

张廷重悄悄地另拿一双鞋子放在袖筒里，待出了家门，再重新换上。

旁人的奚落，使张廷重的心灵愈加地蜷缩；严格的家训，又让他不敢反抗。

就这样，张廷重顺利地完成了自己的学业。然而，“腹有诗书气自华”这话，却没能应验在张廷重身上。远去的清朝，颓废的父亲，畸爱的母亲，所有这一切，使他成为一个只会叹息的男人。

张廷重总是一副有气无力的表情，倒是她的妹妹张茂渊，常常一袭男装，以“公子”自居，被母亲训化成了一个丝弦铮铮的女子。

与丈夫张廷重同病相怜，但命运更悲惨的黄素琼，更是早早地就没有了父亲。确切地说，她根本就没见过父亲。她和弟弟黄定柱，是一双遗腹儿女。出身乡间的母亲赋予了儿女们更多的坚韧。

黄素琼姐弟俩和母亲相依为命，没有父亲的家庭，她们不得不披散着自己的长发栉风沐雨。

“我们湖南人是顶勇敢坚强的！”黄素琼常常这样说。

她以为男人都是刚强的，敢于在废墟上张开臂膀去拥抱太阳。所以女人才需要男人，因为女人更需要太阳。然而，张廷重让她失望了，因为在张廷重身上，她只看到了一个已然枯萎的灵魂。

她不得不自己去追逐太阳、拥抱太阳。她跋山涉水，远走他乡，直到魂归无处的最后。

一双三寸金莲，是这样的不辞劳苦。

来来往往，追逐到的，也不过是一身的孤独。

活着，不易。

多年之后，她的女儿张爱玲，也上路了。在那繁华发达的地方，张爱玲追逐到的，也是同样的孤独，结局一样是心灵无处安放。

这或许就是宿命吧。注定客死他乡。

只是，一个在英国，一个在美国。

那里，本就没有她们的日出日落。

还好，张爱玲比母亲幸运，毕竟她还有自己的文字可以慰藉身心，可以借此将自己作为知己。

和油画相遇，黄素琼找到了表达情感的方式。多种色彩的调和，涂抹出丰富逼真的内心。她以这种炫丽，一次次去冲击西洋的画布，期待绽放自己最美的灵魂，给自己一片七彩的狂欢。

或许这样的色彩给儿时的张爱玲有太强的冲击力，终其一生，她对于鲜艳的格调都特别倾情。

在张爱玲的眼里，母亲永远是朦胧美丽的，或洋装的洒脱，或旗袍的优雅，总泛着葱茏的湖蓝水绿的色彩。

这，更或许是对老宅中那暮气沉沉的调子的反叛。

晚年，在美国的张爱玲，常把蓝绿色涂满地板，赤了脚，在那里走来走去，走来走去。不知是追忆自己的童年，还是追忆自己的母亲。

只是，再浓厚的色彩，只能是一种虚无的渲染，却不能成为一种实在的支撑。她们母女对颜色如此地痴恋，都透着一种蚀骨地凉。

女人，的确是缤纷的颜色，但若是爱人的挥洒，那将是幸福的锦绣。若只是自己的涂抹，那将是空虚的凉薄。

太有色彩的母亲，和太无色彩的父亲，该是当初怎样的遇见？

稍稍长大的张爱玲，曾经问过已经和父亲分手的母亲，当年为何要嫁给父亲。

黄素琼叹息着说："你外婆要强好面子，已经定下的婚事如果悔了，岂非要人看笑话。"

一个要强的女子，就这样妥协于母亲的要强。最后又不得不将所有的面子扯了个七零八落，真是说不尽的唏嘘。

但，若没有曾经的一纸婚约，世间岂不少了一个惊世才女?

对与错的一线里，却是这样的奇迹。

时光在叹息的时候，也在暗自庆幸。

不前不后的乱世，不前不后的姻缘，不前不后的遇见，不前不后的绽放。

一切，早已注定。

肆 母亲去了海的那边

母亲前脚刚走，父亲养在外宅的姨太太就进了家门。

她，已经忍耐了好久。

黄素琼，终于忍不了这个家，她不想一起沉下去。她，感觉到了淹没到脖颈的窒息。更何况，她原本就是一个敏感的女子。

那个女子，那个别院里的女人。她能够想象得到，丈夫和她双双躺卧榻上，吞云吐雾的样子。

张廷重的这个新欢，比他自己还要大上几岁，是一个被唤作“老八”的烟花女人。

丈夫的烂情，黄素琼已经感觉不到自己曾经的灼疼。因为爱，才

生热。此时，她只有心意如灰，冷冷的，唯愿早早散去。

在张家的宅院里，让黄素琼唯一感觉勃勃生机的，是比她小五岁的小姑子张茂渊。她们嗅到了彼此春天的味道。

小张爱玲每每问起姑姑一些旧事，张茂渊总是恨恨地说："受够了！"

她受够了，她需要新的旋律。

那些堂皇的家事，看似华丽，却已经风化得一触即破。那架老留声机的磁针和光盘，只剩下丝丝拉拉刺耳的噪音，可总有人还反反复复打开在这旧物，从那里想听出些安慰。

张茂渊，决定出国。

受够了的，还有黄素琼，她也渴望破壳而出。随了这个妹子一同远去，恰恰正是一个机会。她，还给自己改换了一个黄逸梵的名字，表达对过往，对旧时自己的决裂。

那，是梵音的飘逸么？从此，穿越红尘。

身为一个母亲，远走异域他乡，大都觉得黄逸梵的做法太过疯狂。也有理解的人，说那个时代，正需要她这样的人破旧立新。

冰寒，正是因了春风才会迎刃而解。对和错，她都心意已定，执意活成一片五彩的云朵，给自己一个狂欢。

尽管百无留恋，纵然心意决绝。别离那天，黄逸梵还是哭得无力抬头。

母亲要离开了，小爱玲原本疏离的心里，忽然有了一种懵懵懂懂的伤感，那或许是血肉亲情里的自然共振。

后来，张爱玲回忆说，母亲那天穿了一身绿绿的衣裙。那，是她最欢喜的装扮。可她一直伏在小竹床上痛哭，也不说话。佣人几次催说到时候了，她却像没听见。佣人们不敢再多嘴，只好把小爱玲推向前，她怯怯地说一句："婶婶，时候不早了。"（相传，张爱玲是过继给另一房的，所以称父母为叔叔婶婶。而张子静回忆说，是因为舅舅家的孩子喊身为姑姑的黄逸梵为"伯伯"，喊自己的父母为"叔叔"和"婶婶"。他和姐姐也就依了舅舅家的叫法，也喊自己的父母为"叔叔""婶婶"。）

这痛，说不上多深，那时的张爱玲，却清晰地记得。

亲情的不舍，情感的破碎，让黄逸梵在双重悲痛里纠葛。更未知，此去天涯，关山万里，风雨几何。那么伤感，那么犹豫，可她，还是走了。

佣人们告诉张爱玲，母亲去了海的那边。

海，是什么？四岁的张爱玲还不懂得。她看着母亲和姑姑远去的影子，觉得海或许就是马路那端看不见的地方。再遥远，应该就是黄昏里去了，晨光里就会回，仅仅隔了夜里的一个梦。

太小的心，哪懂了世事的大伤痛。就像单纯的露珠，不懂得炉火的灼烫。

聚了的，还要散；爱了的，还要怨。

不知是曾经的错，还是后来的错。

风里，没有答案，其实，哪里也没有。

风，可以带走花香，也可以留下泥尘。

母亲前脚刚走，父亲养在外宅的姨太太就进了家门。那蛇舞的腰身，放纵得无所顾忌，俨然一副女主人的姿态。信手一挥，她还把自己烟柳巷子里的姐们儿招了来，脂气粉香，燕语莺声，一片乌浊浊的味道。就像她那苍白的脸，没有一点新鲜的气息。

这位姨太太，并不喜欢张子静，偶尔看一眼，也是满脸的鄙睨。她总是无视他，去讨好张爱玲。她还时常做一些时髦的新衣服送给小爱玲，并刻意地问上一句："你看我对你多好。你母亲以前总是拿旧的布料给你裁衣服，哪里舍得用整幅的丝绒，你是喜欢我还是你的母亲？"

"喜欢你。"张爱玲总谄媚地回答。

等懂事以后，想起这些，张爱玲深感羞愧，觉得小小的自己曾经那么恶心。

姨太太本来是烟花巷里的寒命之人，迎来送往却学了一套妖媚的样子，由此博得了张廷重的青眼。登堂入室进了张府之后，得意扬扬中难免把控不了自己，时而性情狰狞起来。

对于这个所谓的姨太太，张廷重实在说不上爱，不过是一时贪欢。黄逸梵的执着离去，让张廷重大为失落。眼前的这个女子，相较于太太黄逸梵天性里的高贵，那实在是草纸和金箔的比对。再加上这女子的愈来愈自以为是，厌恶也就渐渐升腾起来。

女人，总是敏感细腻的，无论高贵与贫贱。

这位姨太太，感觉到了张廷重的疏离，原本就没有涵养的她，彻底地跋扈起来，与公馆里的人眉眼里渐渐别扭，和张廷重时有争吵，而且似毫不肯隐忍，总要抢出一头。

以秦楼楚馆的身子上位，又不肯踏实心性，境遇自是每况愈下。那天，这位姨太太终于和张廷重暴发了激烈的言语冲突。她一时没有了更好的言词，竟然情急之下将脚边的一个痰盂狠狠地砸了出去。

看着头破血流的张廷重，她心里虽然有些胆怯，但还是不肯服个口软。

张家，已经不似从前的门庭威武，但毕竟余势未了，哪容得这样一个女子如此刁蛮。义愤填膺的族人们，一致决定将她逐出家门。

一个风尘的女子，也许她没有做好成为这片豪宅的主人，安心过日子的准备，或许根本就没有这样的打算。露水的缘分，能有这段风光似也是赚到，离去，没有表现出一丝留恋。在她的意识里，也许一

个男人，又一个男人，是她的历程，也是她的前程。

那天，坐在阳台上的张爱玲，看两辆车缓缓地驶了出去，载的满满都是姨太太收拾的银器家什。对于这样女人，大家早就期望她离开，至于她无赖式地掠抢了些财物，也就没人阻止。仆人们都长长出了一口气，说："这下子好了！"

姨太太的离去，让本是乌烟瘴气的家里，一下子清爽了不少。大家都在想好好透透气的时候，张廷重的离职，让家里的空气又陡然凝重起来。

张廷重原本在津浦铁路局有一份英文秘书的闲职，薪水不错，又自在，是由堂房兄长张志潭推荐得到的。但因了他吸鸦片，沉迷花柳之地，又与姨太太大打出手，终于惹了用人单位的厌恶，被撤了职位，"丢了这个平生唯一的小小官差"。不仅如此，他污浊的名声还连累了兄长，张志潭交通总长的职务也被免了去。

此时的张廷重，感觉到了耻辱的寂寞。其实，他一直是寂寞的，只是那些光怪陆离的放纵，麻醉了他的心智。他一直以为，在父辈们留下的这方舞台上，他还是主角，虽然不能和先人们那样挥斥方遒，但还是能自在地纵横捭阖。

寂寞，让人反思。

其实，大幕早已落下，他还没出场，就退场了。

原来，自己只是一个可有可无的丑角。

工作，是男人的骨骼；家，是男人的血肉。可他，还有什么呢？

不该走的，走了，没有留恋；不该来的，来了，也不曾真诚地停留。

张廷重忽然明白，是自己的放浪形骸，毁了自己的花好月圆。与妻、与儿女宁静相守，那才是心灵的温暖。

很久很久，张廷重没有拿起笔来了，手竟然是那么抖，抖得让他不知所措，不知道该怎样给妻子写这封信。他，忐忑了好久。台灯的这片温暖还是给了他力量，他明白，这光晕就是他唯一的太阳了，不能再犹豫。

信，写得很真诚，那是张廷重这么多年来，能够拿出来的所有感情。他求黄逸梵回国，并发誓戒毒，不再招惹女人，要一家四口和和美美地回到上海的最初。新婚那时，也曾岁月静好。

1928年，八岁的张爱玲随着父亲踏上了南下的轮船，那是她第一次看见大海。那是春天的海。

看见了海，是不是离母亲不远了？

那一望无际的蓝，那滚滚滔滔的浪，让她无比开心。孩子，本就应该属于海的辽阔无垠。

的确，天津那个月亮一直往下沉的家，实在太过憋闷了。

躺在船舱里，小爱玲又翻起了《西游记》，那是她的喜欢，读了不知有多少次了。此时她很诧异那里“只有高山和红热的尘沙”。

水呢？水应该是更有趣的。

《西游记》里，还是有很多水流的，甚至有大海。那时，小爱玲信手翻的这段，或许正是孙悟空师徒过火焰山的章回。其实，她没有读懂的还有很多，就像那时她还没有识得足够的文字，来看透这本看似童话，却渗透着世事艰辛的巨著。也似她还单纯的思维，懂不了岁月的荆棘。

“到上海，坐在马车上，我是非常挎气而快乐的，粉红底子洋纱衫裤上飞着蓝蝴蝶。”

两岁时的上海，张爱玲或许是不记得了，今日再回来，却是异常地兴奋。

上海的新家，只是一个很小的石库门房子，可那“红油板壁”，对于她，却是无比快乐。

新鲜的，就是激动的。孩子，总是向前看，从来不懂得回头忆念什么，甚至疼痛。

那天，佣人告诉她，母亲捎信来了。

看见了海，母亲果然就要回了。

无论亲疏，孩子对于母亲都是心生期盼的。

那天，小爱玲穿着自认为最俏皮可爱的小红袄，欢呼雀跃地去迎接母亲。黄逸梵看见女儿，却皱起了眉头，第一句话竟然说："怎么给她穿这样小的衣服？"或许，这样紧制的传统衣服，不合了她的审美。果然，黄逸梵很快就给爱玲做了几款当时最新潮的衣物。

日子，似乎真的欣欣向荣起来。

家，从窄小的石库门搬出来，安置进了一座花园洋房。张廷重发誓要活出生机，并在黄逸梵的安排下，积极去医院戒毒。

生活，越过了那片海，真的就开始了上海的繁荣了么？

张廷重是重燃的一团火，还是那老旧的灰烬凉透前的那丝余热？

小爱玲不去想这些，也不会想这些，只觉得这才是家的滋味。父亲是可以带着她和弟弟飞奔的马车，母亲是遮住阳光和雨丝的小花伞。

伍 他们终于离婚了

一直叫着张煐的女孩儿，从此变成了张爱玲。

随着母亲的归来，全家搬进了更宽敞的欧式洋房，叫作宝隆花园。听这名字，就是富贵荣华的宅第。

张爱玲后来在文字中写那时的家：

“有狗，有花，有童话书，家里陡然添了许多蕴藉华美的朋友。”

又说，母亲会和一个胖胖的伯母坐在钢琴凳上，模仿着电影里谈恋爱的段子。在一边观看的张爱玲，像是谁手里一直拨动的一个洋娃娃，在狗皮褥子上笑得滚来滚去停不下来。

一直的，家的上空是布满忧郁的云朵的，总让人有潮腻的不爽。这时的张爱玲一抬头，却发现天上掩映的都是树木的花叶，轻轻地摇曳着，时而还闪烁一下阳光，晃动着人的心欢。

日子，真是美到了巅峰。

“蓝椅子配着旧的玫瑰红的地毯，其实是不甚谐调的，然而我喜欢它，连带着的也喜欢英国了，因为英格兰三个字使我想起蓝天下的小红房子，而法兰西是微雨的青色，像浴室的磁砖，沾着生发油的香。母亲告诉我英国是常常下雨的，法国是晴朗的，可是我没法矫正我最初的印象。”

张爱玲和弟弟张子静，这对本有些体性相克的小猫小狗，似乎也和谐了，他们一起坐在地毯上，看着母亲的双手像两只天鹅一样，在琴键上优雅地嬉戏，心里满满地都是快乐，偶尔相互对视一下，还调皮地眨一眨眼睛。

张爱玲尽情地涂抹着自己的家，随意地调制出各色的欢喜，她还画了画，并且配了自己红红绿绿的文字，寄给远在天津的小伙伴，炫耀着，得意着。

似乎，她又是随了秋千，荡向了那高高的云朵。天，是从没有过的蓝；云，是从没有过的白。

在云端里飞过，在大海那边住过，母亲黄逸梵的心是彻底放开了的，她不想让自己的女儿裹缚在老旧的绸缎里，成为唯唯诺诺的茧蛹，甚至是亦步亦趋的蚕虫。她要扯去那些蒙着厚厚尘土的旧式蒙板，希望云锦般的西式灌输就是翅膀，能让小爱玲有蝴蝶一样的绽放。

学绘画，学钢琴，学英语，小张爱玲倒也觉得津津有味，让她欢喜着母亲带回来的油彩纸包装着的奶糖般的浪漫。她成了母亲举手投足的身后，一朵小小的影子。这短短的流年时光，也就成了她色彩最完全的快乐。她在后来说："大约生平只有这一时期最具有洋式淑女的风度的。"

张爱玲的许多回忆，多是秋霜一样的冷峻，似乎是这一句，对自己有些春风习习的肯定。的确，她那看似华丽的童年，却实在少有温暖可寄的。

是的，此时的张爱玲已经会为书册里夹着的一朵花流泪，心开始文艺起来。

黄逸梵虽然是一个思想新潮的女子，但因为没有接受过良好的正规教育，对很多时尚的东西，总是心有余而力不足。她不想孩子将来也会有这样的困惑，所以一直主张儿女进新式学校，希望他们跟得上时代的步子，而不像张廷重那样，躲在墙角的暗影里，茫然失措。

张廷重的心，其实是那再也上不紧发条的老钟，松懈的灵魂慢慢地摇晃着，看似是有着自己的节奏，不过，还是慢了半拍，又慢了半拍的浑浑噩噩。对于儿女的教育，他也是一样的旧念头，请一个书呆子气的老先生，让张爱玲和张子静，咿咿呀呀地读《四书五经》。那些书，或许是好久没有打开的缘故，时不时泛出霉腐的味道，阳光里，还能看到飘浮着细微的灰尘。

孩子的教育，总是达不成共识，黄逸梵放弃了最后商量的耐心，牵起女儿的手，走进了学校的大门。

这一年，十岁的小张爱玲，成为黄氏小学六年级的插班生。

也就是这时，一直叫着张煐的女孩儿，从此变成了张爱玲。

这一切，缘于母亲黄逸梵的突然所想，就在她为女儿填写入学证的时候，或许觉得女儿那张煐名字不太上口，或许为了显示是去过大海那边的人，也就在英语里胡乱翻译了个词汇，填上了爱玲的名字。

这名字，也是不称黄逸梵心意的，只是太过匆忙，一时间没有更多的斟酌，仅仅是讲究一下。因为还有太多的时间，能有一个好的更改。然而，岁月匆忙，黄逸梵似乎没有了为女儿改换名字的兴趣，更没有了静下来好好思索的时机。张爱玲，也就此叫下来，一叫就是一生。

对于这个名字，张爱玲自己也觉得并不美好。以她的才情，完全可以给自己改换一个惊艳、醒目、醒神的雅称，就像她的母亲，把自己黄素琼这还算飘逸的名字，改成了更加超拔的黄逸梵。但她没有，面对一些人有意无意的问寻，她，给出了一个不同凡响的答案：

“我愿意保留我的俗不可耐的名字，向我自己作为一种警告，设法除去一般知书识字的咬文嚼字的积习，从柴米油盐、肥皂、水与太阳之中去找寻实际的人生。”

对于自己名字的态度，也正是她对文章的态度。从平凡中开拓出传奇，这的确是她刻骨的才能。

诗人余光中说：“上海是张爱玲的，北京是林海音的。”

两个女子，的确惊艳了民国那时的两座城。

对于张爱玲，母亲黄逸梵并不是因为偏爱她才送她去学校的。在黄逸梵的意识里，许多的人还有很严重的重男轻女的思想。就像她自己的母亲，教育里，注重她双胞胎的兄弟，却忽视了身为女儿的她。黄逸梵相信张廷重老旧的思想里，也定是这样，所以决绝地将女儿抢先送进了学校，怕她会和自己一样被耽误了。至于儿子，那是他们张家的延绵根苗，张廷重是不可能不管的。

对于儿子张子静，张廷重的确是管的，但却一直耽搁在私塾的观念里，虽然后来也送进了新式的学校，但为时已晚。这几乎让儿子成了和他一样，无知无觉的遗少。

有些看起来热热闹闹的深宅，那亭台楼阁里的潮湿，往往更加浓重一些，甚至都有经年不化的冰霜，比许多草屋土墙的院落，都少了轻盈的明快。

也许，并没有出乎小爱玲的意料，母亲再一次离开了父亲。这次，是实实在在的离开。他们，终于闹到了离婚的地步。

张廷重，并没有遵守自己好好过日子的诺言，改掉那些恶习。的确，作为一个旧时代的遗物，在那个时光交错的节奏里，他无法找到自己，也只能在那毒品的麻醉里，混沌着时光。

无前无后的前程，无色无味的朝暮，也是够煎熬的。吸食鸦片，也就成了他肉体和灵魂都舍不去的依附。

争吵，是越来越频繁了，还时时伴有一些物件破碎的声音，尖锐地刺破某个早晨，中午，或是黄昏，甚至是午夜的宁静。仆人们多是慌张地将张爱玲和弟弟拉到远远的一边，很无奈地叹息一声：“唉，又吵起来了。”

他们放弃了，是实在无能为力。从他们的语气里，应该是曾经有过无数次的劝说，但从来没有效果。

孩子们又能如何呢？他们只能在母亲隐隐约约的哭声里，不知所措地慌乱。

再新潮的女子，也最终是要归于安稳的。几年的漂泊，黄逸梵更懂得了疲累，接到丈夫的悔过信后，她是满怀希望回来的。她何尝不渴望夫唱妇随，儿女绕膝的温馨。

对于黄逸梵，张廷重是深深地爱着的，可他又不知道该如何去爱，所以他极力地挥霍黄逸梵的钱物，以为没有金钱的妻子，是无力再云里雾里地飞了，只能像一个青花梅瓶，在他老旧的包装里，安稳着。

这样的愚蠢做法，也很符合了一个对生活无计可施的张廷重的做派。他的心里，实在没有积极的思维，唯有老旧的尘灰慢慢悠悠地飘落着。

后来，张爱玲曾经非常洒脱地说：

“我自己就是离婚的人的小孩，我可以告诉你，我小时候并不比其他的小孩特别地不快乐。”

其实，父母帘窗后撕吵的影子，又怎么可能不惊动孩子呢？那些看似无一觉察的家庭裂痕，已经深深地在心中蜿蜒。张爱玲后来许多的文字里，都有男人设计骗取女人财物的章节，反反复复的，让人深深感叹。

张爱玲那华丽的才情中的忧郁，爱情里的自卑，亲情里的漠然，何尝不是童年的心灵暗伤?

争吵，往往还伴有希望，归于无声的时候，感情，也就彻底消散了吧?

黄逸梵看透了丈夫的颓废，那是无药可救了。她，彻底地失望了。

的确，她不是那有色无香的瓷中青花，她是鲜活的一朵，开要开到炫丽，落要落成缤纷，怎肯就范于一捧腐朽的土。

张廷重曾经以为，妻就是那仙衣飘飘的美，裱挂在墙上，和他的老宅正相宜。可黄逸梵不是画中仕女，张廷重实在是无力卷成卷轴放起来的，他的纸张泛黄而薄脆，黄逸梵朝气而时尚，撕裂，也就在所难免了。

最后的那一刻，张廷重还心存侥幸，他渴望黄逸梵能给他一个柳暗花明的回眸。

张廷重被动地站在妻子请来的外国律师面前，很有些茫然，他想给自己找些圆满的借口，可每一个理由都成了自己理亏的证据。他，无奈地在房间里徘徊，他一次次地来到桌面，将签字笔拿起，然后又长长地叹息一声放下。

看他那痛苦的样子，律师都有些心疼了，很郑重地问黄逸梵，是否可以改变一下主意。

张廷重也望向妻子，他焦渴地希望那是一丝春雨的回答，能让一切有重新萌芽的机会。

她，是决绝的。

“我的心已经像一块木头！”

黄逸梵的回答，闪电一样击穿了张廷重最后的幻想。他，终于在离婚书上签上了自己的名字。

他，是山重水复。

她，是云淡风轻。

一切，都结束了。一张纸的撕裂，从此是不相依无相望的两岸，各自去诉说自己的草长莺飞，抑或荒草连绵。中间相隔的，是一样的岁月匆匆。只是，谁的倒影里，还有谁依稀的涟漪？

第二章 伤城

壹 文学启蒙，来自父亲的爱

从这时候开始，张爱玲渐渐展露了她的天分。

一桩看似门当户对的婚姻，却惹了两个人的痛，成了他们一生心灵的挣扎。

张廷重是叹的，叹一个女子心如飘萍、无以把握。但他叹得糊涂，却没叹最应该叹的自己。

黄逸梵是怨的，怨一个男人消沉迷茫、堕落糜烂。然而，她也是应该怨自己的，那看似对光明的追逐里，炫了自己的眼的，何尝不是另一种迷茫？

对于父母的分开，张爱玲是平静的。即便是同在一个屋檐下，张爱玲从父母的争吵里，甚至是他们的衣着和情绪里，就觉得他们是隔了水的两岸。一岸是秋霜遮残败，一岸是春风拂红绿。

张爱玲在她的《私语》里，这样写道：

“像拜火教的波斯人，我把世界强行分成了两半，光明与黑暗，善与恶，神与魔。属于我父亲的这一边必定是不好的……”

现实里，张爱玲的心绪并不是这样的泾渭分明，她心念里喜欢父亲卧榻边那鸦片的云雾，和那云雾中迷离的阳光，但她又贪恋母亲房间里的色彩，和那色彩的绚丽。

家的撕裂，将张爱玲闪在那深深的缝隙里，她的品性也就掺杂了父亲与母亲不同的色彩。分裂与杂糅，自卑与傲气，都是那时渗进了骨子里——漠然于世事，却又尖刻于文笔；淡然于情感，却又生倾城之恋。

张爱玲，比父亲的潮湿要清爽一些，是那般冷漠；

张爱玲，比母亲的绮丽要清浅一些，是那般冷艳。

黄逸梵搬出去了，一同搬走的，还有张爱玲的姑姑。两个时尚的女人，尽情地装扮着自己，就像装扮她们的住处一样，鲜艳而迷离，

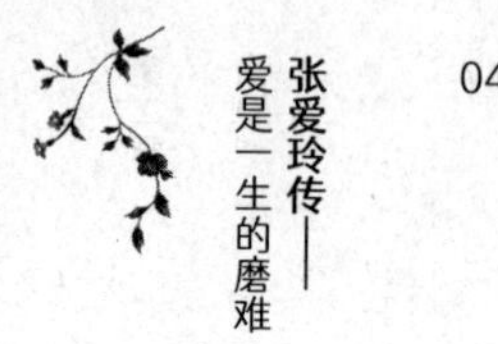

以为这就是完美。

然而，一个，嫁了，却无爱，最终分道扬镳；一个，爱了，却无依，等到风烛残年，默默牵手日落。

人生，给她们留下的是更多的缺失。

其实，在张廷重心里，黄逸梵是沉闷的窗帘缝隙里透过来的一抹阳光，是唤起他对生活振作的唯一生机。他，是不舍的。在离婚协议上签下名字的那一刻，他是更加颓废了。鸦片的云雾，似乎无法遮蔽自己的痛苦，他需要更迷幻的感觉来麻木自己，为此，他特意招用了一个男仆来打吗啡。

密密麻麻的针伤，虽然次第结了痂，但那腐烂的气息愈加浓烈。那越来越接近被盗墓者掘开的棺材的味道，毫无质感地漫溢着，从床榻，到客厅，甚至漫出门楣，在那一级级的石阶上滴答。

张廷重潮湿的身体，每况愈下。甚至，在一个下着雨的夏日，他独自在阳台上，双眼呆滞地说着无人听得懂的胡话。

家里的一干人害怕了，急忙找来张茂渊。虽然张茂渊和张廷重有些不和，但张廷重左右里，也只有这样一个至亲。仆人又急急忙忙寻来一个洋医生。经过近三个月的治疗，张廷重这才缓了过来，再不敢招惹吗啡，只是手中的鸦片枪，却是怎么也放不下，那云雾，在家里经年不散地缭绕。

张爱玲说，她竟然迷上了那云雾。

这时的张爱玲，八岁了，已经读了《红楼梦》和《三国演义》。毕竟是书香门第的血脉，这些在大人来看，也有太多艰涩的皇皇巨著，张爱玲却读得像走平路一样轻畅。

读完《红楼梦》，小爱玲还写了一部《摩登红楼梦》，写那宝玉和黛玉商量要去留洋，写了贾政坐了火车，写贾琏过洋节，等等，以穿越的味道戏说红楼人物。

父亲张廷重看了也心生喜欢，很郑重其事地以章回小说的格式，为小爱玲的书拟写了各段落章节的标题。

后来，张爱玲移居美国，再续少年的红楼情痴，感叹道：

“十年一觉迷考据，赢得红楼梦魇名。”

在这本潜心十年的《红楼梦魇》里，张爱玲这样写道：

“有人说过‘三大恨事’是‘一恨鲥鱼多刺，二恨海棠无香’，第三件不记得了，也许因为我下意识地觉得应当是‘三恨红楼梦未完’。小时候看红楼梦看到八十回后，一个个人物都语言无味，面目可憎起来，我只抱怨‘怎么后来不好看了？’……很久以后才听见说

后四十回是有一个高鹗续的。怪不得……”

其实张爱玲在去美国的前期，在香港和宋淇的夫人邝文美曾说：“人生恨事：（一）海棠无香；（二）鲥鱼多刺；（三）曹雪芹《红楼梦》残缺不全；（四）高鹗妄改——该杀。”

如此一直痴情于《红楼梦》，也难怪很多人都说她的文章深受《红楼梦》的影响。

张廷重离婚后，似乎对家的认识有些觉醒，那几年里他和儿女的关系是最亲近的，有了和儿女说笑的耐心和兴趣。张爱玲比张子静大两岁，总会在张廷重的书房里看书，时不时父女二人就会聊些名家的著述。更小些的弟弟张子静，也会在一旁静静地看着，听着，日子是从没有过的融洽。

张廷重虽然面对世事有些手足无措，但他的学识素养还是很深厚的，这对于张爱玲的影响是潜移默化的。

孩童时的张爱玲，就已经开始向外投稿子了。这或许跟父亲张廷重喜欢报纸有关。家里订的《新闻报》里正好有副刊，张爱玲便将自己长的短的文字，工工整整地折叠进信封，踮起脚尖很庄重地投进邮箱。

不远处，一个靠了墙根卖糖人的老男人，总是早早准备好一个糖人，以为小爱玲会朝这边走来，可小爱玲每次总是让他失望。看着这个来来往往，从不往他这边看一眼的小女孩，老男人很有些疑惑。

他，或许还不懂，未必每一个孩子的心，都像他手中的糖人那样是甜的。或许他更不懂，一个像糖人一样透明的孩子，未必在乎舌尖上那样浮浅的滋味。

每每报纸送来，张爱玲都会悄悄地先去翻看副刊。可那里，总是没有她的名字。

那家报纸副刊是让张爱玲失望了，可她并没有灰心，在一个寒假里，她照着那份报纸，编了自己的副刊，写了文，还插了图，颇有自己的味道。

张爱玲展现出来的才情，张廷重还是很喜欢的。他也常常摸了女儿的头，轻轻揉着，夸奖几句；每遇亲朋好友来访，他就拿了那图炫耀一番："这是小煐做的报纸副刊。"

那画纸，也就在人们的传阅中，泛起一声声的赞叹。

一旁里的小爱玲，静静地翻着书页，看似毫不在意，但心里却是绽开一朵一朵小小的得意。

此时，她才觉得父亲的家里还是有一点光亮的。而这光亮，竟来自她自己的文字。

似乎，她一生，唯有文字是她的亮光。所有的一切，都抵不了这些文字的光芒。

就算，她放下笔的时候，这光，也在，一直在，唯一的在。

作为被遗弃在岁月岸边的人，张廷重一半着水，一半迎风，他很焦虑，心情也就起起伏伏，对于张爱玲的情感，一样地起起伏伏。他欢喜时，张爱玲就是他的欢喜；他若是烦恼时，张爱玲就是他的烦恼。

他，都不知道如何做好自己，哪能知道如何做好父亲？他其实，更不知道如何去做好丈夫。

这，也是一个遗少的梦魇。

独活的张廷重，单过的黄逸梵，虽然没了彼此的牵绊，反倒给了孩子们更多的关爱。尽管孩子的抚养权归了张廷重，但离婚协议中对于张爱玲的教育，母亲黄逸梵是有话语权的。那时候张家家底还算丰厚，所以在张爱玲上学的选择上，张廷重并没有生出太多难为。入读圣玛丽女校读初中，还是很顺利的。

依旧和上小学一样，每逢周末，会有汽车接张爱玲回去，而且家里特意为她请了白俄的老师教钢琴。虽然这是母亲的意愿，但也是得到父亲张廷重认可的，他也想女儿能多一分优雅，承袭和担当起张家的贵族气质。

张爱玲是喜欢那琴键的，她总想起，母亲的手指起落的样子就像几只白天鹅在冰面上舞蹈。她也想像母亲那样轻盈地活着，甚至母亲房间里的陈设，都成了她的喜欢，她还时常梦想能独自拥有一座这样的房子。

在父亲和母亲的住处来回地走动，张爱玲的感受是不同的，此时她说不上恨父亲，但她同情起母亲来了。

1932年，上初中的张爱玲，写出了她的第一篇小说——《不幸的她》，发表在校刊《凤藻》上。

“别了！人生聚散，本是常事，无论怎样，我们总有藏着泪珠撒手的一日！”

这样的话语，出自一个小女孩的手笔，实在太过老成。

她已经有了自己的思考。

这文，许是影射了她的母亲——她是对的；但也有人说，小说也有张爱玲自己的影踪，这似乎是有点臆想了。

她依然是一个还算活泼的孩子，是一个在父亲的身边还可以随意说笑的女儿。

正如弟弟张子静后来回忆说：父亲离婚后的两三年里，是和他们最亲近的时期。

此时，张廷重还未再婚，此时，日子还好。

贰

母亲远去了，父亲再婚了

向阳的母亲，背阴的父亲，背对背独自立着。

怀旧的，低着头，逐新的，仰着脸，就这样都忽略了最应该正视的当下。

日子，太过于宁静，未必就是好。

或许，有些风吹草动，才是岁月的日常。

张爱玲在母亲那里感受着色彩的闪烁，音符的炫丽，然后又在父亲那里感受着文字的起起伏伏。

这些，如同一枚枚小小的石子，在她的心湖里无限地荡漾着。

十三岁这年，张爱玲在《大美晚报》上刊发了自己的第一幅漫画。

张爱玲拿着五元的稿费，换得了支小号的丹琪唇膏。

这，像极了母亲对时尚生活的追寻。

同一年，她开始提笔写自己的小说《摩登红楼梦》。

这章回体的文字，又无限贴近父亲。

但，这对于一个父母离异的孩子来说，似乎又有些太过安宁。

此时，她的忧愁还不深，但父母的分离，还是使她心里多了些许伤感，少了许多明快，就像她刊登在校刊上的那篇散文《迟暮》：

"'黄卷青灯，美人迟暮，千古一辙。'她心里千回百转地想，接着，一滴冷的泪珠到嘴唇上，封住了想说话又说不出的颤动着的口。"

这既是对美人的叹，又是对母亲的叹，也该是对家的叹。

这里，也是迟暮了。

母亲的公寓，曾经那么让她贪恋，那瓷浴盆和煤气炉子，她都觉得温暖。

那里，也是迟暮了。

黄逸梵又要出国了。临别的时候，她来到学校。

后来，张爱玲忆起当时的场面，这样写道：

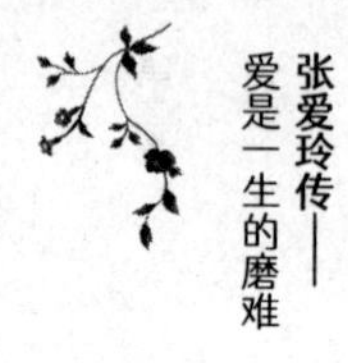

“她来看我，我没有任何惜别的表示，她也好像是很高兴，事情可以这样光滑无痕迹地度过，一点麻烦也没有，可是我知道她在那里想：‘下一代人，心真狠呀！’一直等她出了校门，我在校园里隔着高大的松杉远远望着那关闭了的红铁门，还是漠然。但渐渐地觉到这种情形下眼泪的需要，于是眼泪来了，在寒风中大声抽噎着，哭给自己看。”

一个牵挂着，一个依恋着，但她们又都那样自负地伪装着。

张爱玲是远远地在母亲的背影里哭了，母亲也一定是背对着女儿哭了的。

一个十几岁的孩子，竟然和而立之年的母亲一样世故、淡漠，实在更让人感觉到心疼。

一生，张爱玲都是一个哭给自己看的女子。

上海别了，北去天津；天津别了，又回上海。

一座城到另一座城，还好；最是，母亲去了又会，回了又去，真的很难承受。父亲的面貌又是那么忽阴忽晴。

圣玛利亚女校的铃声还算响亮，正如弟弟张子静说，姐姐的天资是聪慧的。学校的张爱玲，心底是骄傲的，学习上也很优秀。而一位才华横溢的国文老师的到来，让她更加迷恋上了文字。她，更多了自己的骄傲。

旧的老师们，多是命作一些“说立志”“论知耻”类的八股味的作文，还翻着眼看着教室的天花板，晃着脑袋地说：“做文章，开头一定要好，起头起得好，方能够抓住读者的注意力。结尾一定也要好，收得好，方有回味。”

学生们正认可似的点头的时候，谁知，老先生又来了一句：“中间一定也要好……”满堂的学生，也就哑然失笑了。

课堂迂腐如此，实在是可笑无味了。

那位新来的汪老师却不同，竟然拟了一篇《看云》的作文，同学们自是兴奋异常，都呈现出摩拳擦掌的姿态。

或许在老的臼穴里习惯了，同学们对这新的格调激动归激动，却不知道如何放开手脚，大多是敷敷衍衍写了二三百字的样子。这位汪宏声老师翻阅着作文不住地摇着头。忽然，他发现了一篇文辞飞扬，辞藻惊艳的作文。

那正是张爱玲的作文。

课堂上，汪宏声特意关注了张爱玲：“唱到张爱玲，便见在最后一排最末一个座位上站起一位瘦骨嶙峋的少女来，不烫发，衣饰也并不入时，走上讲台来的时候，表情颇为呆滞。”

就是这样一个并不起眼的学生，却有让人别样入心的气质。

对于这个学生，汪宏声继续回忆说：“于是我知道爱玲因了家庭里某种不幸，使她成为一个十分沉默的人，不说话，懒惰，不交朋友，不活动，精神长期的萎靡不振。说起懒惰，她是出名欠交课卷的学生。”

张爱玲的萎靡似乎是越来越深了的，那里面，有些是因为母亲的远去，更多的是因为家里如暮色般的气氛更浓了。

就算是黄昏，还是有些明亮的，还是有些晚霞可以当作温暖来爱。然而，一切，都是不同了。

离婚，让张廷重一度很绝望，但渐渐地他的心情还是有了起色，因为妻子黄逸梵还在不远的地方，正是这种可以望得到的距离，让他有所期待，期待那春风回暖的时机。他一度对孩子，对家，对日子都是有些和颜悦色的。

一年，两年，他没有再婚的想法，就算是与黄逸梵有苏州河样的隔膜，毕竟还是有船可渡，有桥可达的。

一座城中的遥远，怎么也算不得天涯海角。

黄逸梵再次远去海外，让张廷重又一次失心了，他情绪渐渐烦躁起来。海那边，实在是他腐质的头脑里想象不到的距离。

张廷重，虽然留恋粉黛，浪迹花丛，但黄逸梵毕竟是唯一在他心中的。两年，又是两年的向海遥望，他才渐渐心灰意冷。

四年，四年的默默无话，他似乎在表明着自己。赎情？赎债？真的不必再苛求什么，毕竟他那时正年轻。他，终于再婚了。

男人，是家的骨架，尽管张廷重不是，只是软软蹋蹋一层篷布样的无能，但更需要女人的烟火鼓胀起来，那样，家才有个样子。

1934年夏天，张廷重与孙用蕃在上海礼查饭店订婚，年末的时候，在华安大楼举行了还算隆重的婚礼。

那年，张爱玲十四岁，已经升入了圣玛利亚女中高一。那年，弟弟张子静十三岁，却是刚刚插班进入协进小学读五年级。

父亲将要再婚的事儿，是姑姑告诉她的，张爱玲当时的情绪是激动的，在《私语》中，她写道：

“……我哭了，因为看过太多关于后母的小说，万万没想到会应在我身上。我只有一个迫切的感觉：无论如何不能让这件事发生。如果那女人就在眼前，伏在铁栏上，我必定把她从阳台上推下去，一了百了。”

无论如何不能发生的，却是实实在在地发生了。张爱玲陷入了深深的忧郁。

生性懦弱的弟弟，在婚礼上也只能柔软地想念着远方的母亲，对这位后母，但也说不上有什么恨意。

不管张爱玲和弟弟张子静恨与不恨，后母就这样理直气壮地迈进了张家的庭院，她还“哗啦啦”推倒了日常的管理，辞去了一些仆佣，补进的都是她带来的跟从。

家的局势，轻轻地由她掌控了。

这个叫孙用蕃的女子，家境不凡。她是清末和民国时候的重臣孙宝琦的庶出女儿。张廷重娶她，算是高攀了。但进得家门大家伙儿才知道，这位权贵女子原来早早染了鸦片的癖瘾，也就浪荡了青春，三十六岁才不得不屈身嫁给了二婚的张廷重。

也正是她与张廷重的这“同榻之好”，让张家迅速地败落了。这直接导致了张爱玲与张廷重的决裂。

大户家的女子，果然有大的做派，孙用蕃刚刚进门，就嫌弃住处太过憋屈，污了她的身份。

本来，在多年蹉跎中，张廷重还是学了些实用的心智的，他对生活的打理大胜从前，因此张家的家境竟有了起色。

但怎经得起孙用蕃的一番折腾。

一家人终于搬进了一处大的别墅。那房子，是张爱玲的二伯父张志潜当年分得的祖产，也是张爱玲出生的地方。在这所“又老又大的房子里”，张爱玲却没能重温幼时单纯的记忆，却是历经了少年痛苦的挣扎。

最初的日子，是平和的。每个人都用各自软软的触角小心翼翼地试探着。

然而，那些明处的礼节越多，那些暗处的伤痕就越宽，只是大家都心知肚明地维持着。

张爱玲，也是有意无意地维护着那时的风平浪静。暑假里，她写了一篇作文，叫《后母的心》。那文章，将一个后母左右为难的处境，瞻前顾后的心情描写得恰到好处，多是为后母鸣不平，全无抱怨。

作文本放在父亲的书房里，似乎是张爱玲无意的遗忘，也许是她故意想让父亲看的，让他能懂一个女儿对继母的包容和理解。

作文被继母看到了，她大为感动，认定就是为她而写的。她时常将作文拿给来访的亲朋看，看似是夸张爱玲文字的才情，更深里是炫耀她这个继母的好。

弟弟张子静后来回忆说："其实我姐姐完全为了习作，锻炼自己的写作技巧，并没有讨好她的用意。"

这未必正确。那时的张爱玲还不是那么倔强，就像天津时用"喜欢你"去讨好姨太太一样。读了高中的她，是成熟了许多，是懂得了一切都无法改变就应该面对的。和后母之间表面上的礼貌，还是更细致一些为好，更柔软一些为好。以后的张爱玲，从没为此声明过后悔，这说明她当时有和继母融洽地出出进进家门的想法。和起初"推下去"的恨，已经相去甚远。

一个小女孩，就这样迁就着、委曲着，真是难为了自己。

1934年，张爱玲不仅续写完了自己的章回小说的《摩登红楼梦》，还写了一些文章。但和后母深入相处的1935和1936年，张爱玲的作品屈指可数，唯一刊在校刊上的是一篇《秋雨》的文章，文中这样写道：

“雨，像银灰色的黏濡蛛丝，织成一片轻柔的网，网住了整个秋的世界。”

这在文中前后呼应的重复句子，是她心灵多么无奈的挣扎？“一点新生命萌芽的希望”在黏濡的蛛网里，那又会什么样的前途？

“才过了两天的晴美的好日子又遇到这样霉熏蒸的雨天”，这仅仅是一个孩子无意的感叹吗？

沉闷的，总要爆发；委屈的，总要伸张。

她，或者后母，在一次次蹑手蹑脚的擦肩而过之后，那种隐忍变得越来越没有耐心。

彼此挣扎中的虚假繁花，终将迎来一场风暴。

滚滚滔滔的积雨云，已在不远的窗外。

生活在继母的阴影下

母亲黄逸梵的再次归来，加速了张爱玲和家的疏离。母亲的家和父亲的家，在她眼里，一个自由温暖，一个狭窄阴冷。

张爱玲一家搬进的新别墅，有二十多个大房间，全家不过四个人，再加有数的几个佣人，怎么也是住不过来的。更因大宅以前有过一段时间的闲置，院落里也就生了许多老鼠。日里夜里，闹得人们不得清闲。亏的一个仆人抱了一只花猫来，窜来蹦去的，竟是解决了这许多的烦扰。

张爱玲对那花猫也格外生了喜欢，还特意找来一颗装了沙子的圆球，滚来滚去，惹得小猫蹦蹦跳跳地追逐，逗出了一家人的乐趣，让

那凉森森的老宅院，开出了些小花小朵的喜庆。

那一天，花猫或许没了老鼠的追逐，生出了寂寞，半夜里忽然就戏弄起那只沙球来。沙啦啦啦的声响，一时惊了宅院，更扰了楼上梦里的张廷重和孙用蕃。张廷重大为恼火，欲将猫扔出宅院。张爱玲和弟弟一再求情，仆人们在一旁忙不迭地说着花猫捉老鼠的好。猫终于是留下了，可这分闲气，却是窝在了张爱玲的心里。

张廷重的确很久没有发这么大的火了，尤其在他重婚后的三四年里。

那猫好似也有了怨，从此不惊不扰地趴在一隅，就算有老鼠“吱吱”乱叫，它也只是漠然地看一眼，只看一眼，最多再轻轻动一下尾巴。本来就沉默的张爱玲，因花猫的到来，会破了些许。花猫变得漠然，她怨起了父亲，应该也迁怨了后母。

张廷重又一次发怒，是因为张爱玲教一个家里的小丫头唱歌。

张爱玲是孤傲的，大多的时候是安静的，是孤芳自赏的。但那时，她毕竟还是一个孩子，就那一个早晨，她突然就想教家里雇来的小丫头唱歌。那是一个笨笨的小胖丫头，她教的是当时非常流行的《渔光曲》。她反反复复地教着，反反复复地唱着，几分认真，几分顽皮，就这样两个小女孩嘻嘻哈哈地唱了一个上午。这喧闹吵到了父亲和后母。张廷重不仅大骂了小丫头，还怒斥了张爱玲，不许她不合时宜地胡乱弹琴，并在钢琴上狠狠地拍了几下。

那钢琴，是张爱琴的爱，她每天里总会用一块璎珞绿的绒布擦得干干净净，因为那白白的琴键上，有母亲的倒影。此后，那钢琴上，渐渐多了灰尘。

母亲黄逸梵走了很久了，但她的影子非但没有变模糊了，反而是更加清晰了，模糊了的，常常是张爱玲的双眼。想母亲的孩子，心最疼。

张爱玲是又怨恨了父亲，可那终究是亲生父亲，这怨里，又有多少是因了后母？

家的日常，是琐碎的。烟火里，有碟碗盆盘的碰撞。

心平了，那叮当就是音符；心躁了，那杂乱就是针刺。

积怨最是不单薄，一次又一次，层层叠叠怨就成了积怨。

向好的发展，如登山，那是需要花费太多力气的，也总是困难的。而向坏的败落，却如下山，因是顺势，就很轻易。人和人的情感，也是这样，一旦有了生分，也就江河日下了。

张爱玲和陆小曼都是在那个年代华丽的女子，她们之间本有许多的交集，但在张爱玲的文字里，从没有陆小曼的身影。这倒不是因为她们之间有十七岁落差，而是因为后母。

陆小曼和孙用蕃是闺中密友，也是一个迷失在鸦片烟里的女子。迷幻的罂粟烟，是无数男女戒不了的毒，让他们欲醉欲死。

她们都曾素心如月，情倾如海，只是窈窕的青春，生生在鸦片里泡得脱色了。

好在岁月不肯轻易伤害每一个女子，陆小曼有了徐志摩的倾情，孙用蕃有了张廷重的相依。同在上海，几街几巷的距离，便有了这对好友的常相约。开始时，孙用蕃沉浸在张爱玲那篇《后母的心》的感动里，也就常常带了张爱玲到陆小曼的家中赴宴。在家庭这种并不十分喧闹的餐桌上，陆小曼和张爱玲有过许多次的相遇，甚至有过四目相对的笑意。

张爱玲是敏锐的，甚至敏锐到苛刻，陆小曼的眼神里有太多的飘忽，那鸦片烟雾的飘忽，她也一定能记得。可张爱玲，半丝半缕也不曾说起过。

因为对于后母的怨，忽略了后母的好友陆小曼也就在情理之中了。

那月，可以是一壶酒，也可以是两手霜，要看与谁相对。

有月无心，有心无月，都是遗憾。

很多的时候，美好必然是双方的成全；恶劣多因了双方的憎怨。

张爱玲和后母孙用蕃，本也不是水火不容的两个人。最初的相处，她们是试探着接近彼此，也相互接受了彼此。

刚刚嫁给张廷重时，孙用蕃看张爱玲和她的身材相似，特意带过来两箱自己的衣服给她。那布料肯定是不坏的，不然张爱玲也不会穿，不然孙用蕃也不会领了穿着这样衣服的张爱玲去赴一场又一场的宴席。

后来，张爱玲回忆：

“在继母的治下生活着，拣她穿剩下的衣服穿，永远不能忘记一件暗红的薄棉袍，碎牛肉的颜色，穿不完地穿着，就像浑身都生了冻疮；冬天已经过去了，还留着冻疮的疤——是那样地憎恶与羞耻。”

这样的文辞，显然是没有平复到最初的心境的，语气里完完全全是后来的怨怒。

母亲黄逸梵的再次归来，加速了张爱玲和家的疏离。母亲的家和父亲的家，在她眼里，一个自由温暖，一个狭窄阴冷。

张爱玲后来说，她的中学时代是不快乐的，最初的时候，虽然很少参加学校的娱乐活动，但那还不是寂寞，只是本性里的清傲。严格说来，是后母进了家门后的高中开始，她才渐生孤独。

写作，是孤独者的自语。张爱玲越来越爱上了这种一个人的对话。与家人越来越远的疏离，让张爱玲有更多的时间倾心于文字。

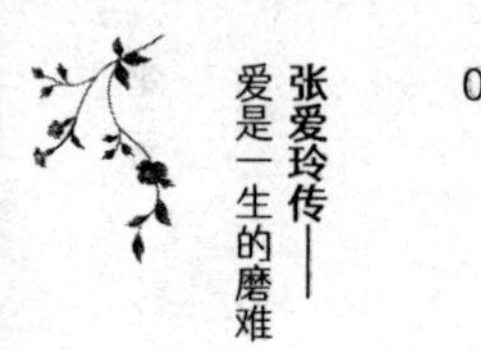

高三的时候，母亲再次回国，品味着母亲居处的色彩，感受着父亲庭院的寥落，这种落差，让她的孤独有了一个小小的喷发，接连写出了不少的作品。尤其那篇小说《霸王别姬》，深得好评，她的国文老师深为赞赏，甚至说比郭沫若的《楚霸王之死》更胜一筹。

这一年，张爱玲十七岁。十七岁的她，需要绽放，需要一个自由绽放的空间。父亲张廷重给不了她，后母孙用蕃给不了她。其实，哪位父母能够给十七岁的孩子一个真正绽放的自由呢？许多时候，父母与子女，都是相互纠结着，这成了大多数孩子怨恼的年华。

张爱玲以为，父亲和后母给不了她的，母亲能给，因为在她眼里，母亲正自由着。

圣玛利亚女中的学习终于结束了，黄逸梵设想着张爱玲能够出国留学，便透出话来给张廷重。

断了张爱玲钢琴的爱好，连学校的正常学费都不愿意交的张廷重，是不肯让张爱玲留学的。再说，出国对于张廷重来说，是一个极坏的词。他一直认为，正是这个诱惑，让黄逸梵和他彻底决裂了。张廷重认定张爱玲是受了前妻的挑唆，才生出这样的念头，于是他恼羞成怒，甚至爆出了许多粗劣的言辞。后母孙用蕃，也没了好脸色，鼻孔里冷冷地哼一声，极其轻蔑地嘲讽道："你母亲离了婚还要干涉你们家的事。既然放不下这里，为什么不回来？可惜迟了一步，回来只好做姨太太！"

在张爱玲听来，这是对母亲极大的污辱，可她实在不能暴发，只能悄悄地转身离开。

在幽闭的房间里，那些冷的泪水湿透了眼前的纸张。

早晨的风是凉的，昨夜的泪也风干了。

张爱玲漠然地和父亲打了一声招呼，去了母亲的住处。

黄逸梵早已经起床了，在厨房里叮当地忙碌着。张爱玲悄悄钻进母亲的被窝，那种温暖的味道，让她一下子流下泪来。蒙着那薄薄的毛毯，她就在自己的泪水中睡着了。

情怀是感性的，日子是理性的。生活里，父亲怎么也绕不过去，那个家，还是要回的。

在母亲那里留恋了两个星期之后，张爱玲又回到了麦德赫司脱路和麦根路转角处的那处西式老别墅。一进门，后母孙用蕃就一脸冰霜地劈头问道："怎么你走了也不在我眼前说一声？"

张爱玲说告诉父亲了。

孙用蕃一下子更来气了，恨恨地说："噢，对父亲说了！那你眼里哪还有我？"骂着，就甩了张爱玲一个耳光。

张爱玲一愣，一个正逢青春的孩子，怎肯忍了这样的耻辱？顺手就去格挡，有想还手的意思。

大人，终是心计多。孙用蕃借机大喊道："她打我！她打我！"哭叫着跑向张廷重的楼上去告状。

张廷重也不问个是非黑白，急促地跑了下来，一顿拳脚就把张爱玲打倒在地，嘴里怒吼着：“你还打人，你打人我就打死你！真是无法无天了！我今天非打死你不可！”

张廷重撕扯着女儿的头发，彻底疯了，仿佛面对的不是自己的女儿，而是一个仇家。在这狂风暴雨中，张爱玲是那样地无助，像一片落叶，头被打得一下歪向这边，又一下歪向那边。

仆佣们吓坏了，惊慌失措地拖拉着两个人，好在终于分开了这对父女。

张爱玲站在众人面前，没有哭，眼泪都没掉。她，紧紧地咬着嘴唇，冷冷地看着拂袖而去的父亲，和一旁面带嘲讽而得意的后母。

一切都结束了，原本就离心离德的家，大家都不必再假惺惺地伪装自己。这，倒是一种痛快。

在浴室的镜子面前，张爱玲看到了满身伤痕的自己，她从来没有这么狼狈过，喷涌的水流也无法冲却她心头的悲哀。虽然，她再一次想起母亲对她说的话：“万一他打你，不要还手，不然，说出去全是你的错。”可这，已经不能平复她胸中的怒火。世上怎么会有一个父亲对自己的女儿下如此重手？

那年，父亲打弟弟，后母在一旁嘲笑，张爱玲曾经恨恨地说过：“我要报仇，我一定要报仇。”此时，她又想起。这次，比上一次更切齿。

肆 夜逃

一个耳光和一顿拳脚让十七岁的张爱玲彻底崩溃了。她对这个家仅存的一点留恋也荡然无存。

虚伪的隐忍，终于在一场风暴中被撕得粉碎，再无可能回到最初的样子。

张爱玲是立即要跑出家门的，却被他父亲指使的仆人关了起来。

张爱玲听着父亲怒吼，那是他扶了楼上的围栏在指示着仆人们严加看管自己。那声音是居高临下的，似乎对张爱玲形成灭顶之灾的威胁。可张爱玲却听出了声色俱厉中的无能，她再一次轻蔑地冷哼了一声，觉得更可悲可笑的，是自己的父亲。

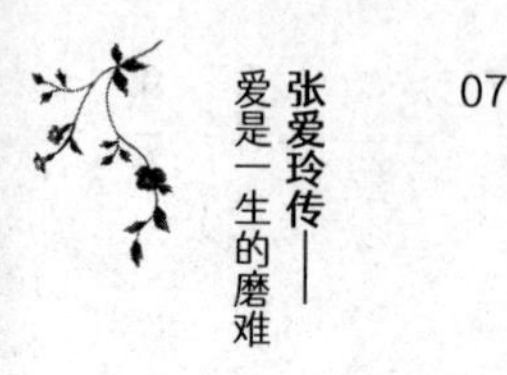

张爱玲曾经这样设想过：

“中学毕业后到英国去读大学……我要比林语堂更出风头，我要穿最别致的衣服，周游世界，在上海有自己的房子，过一种干脆利落的生活。”

对这个家，她原本就生厌了，那种浮华的安稳，也不过是给彼此一个面子。加速了她逃离的，是这次事件，而母亲的华丽归来，不过是催化剂。

张爱玲没有哭闹，只倔强地看着房门，她明白，这其实是一个悲惨的机会。第二天一早，她看到了门玻璃闪过一个亲切的身影，她知道那不是母亲，可心里忽然就有了希望。很快，楼上传来激烈的争吵声。来的那人，果然就是姑姑张茂渊。

其实，在张爱玲的心里，姑姑比母亲更温暖。母亲只若天边那片美丽的云朵，而姑姑才是绕在她身边的香甜烟火。这几年里，一直是姑姑进进出出，照顾着爱玲和弟弟张子静。他们每有病痛，她都会及时地赶来。在他们搬家的时候，张茂渊还特意给两个孩子买了床橱桌椅，唯恐后母亏待他们。

还没待张茂渊开口说情，孙用蕃就阴阳怪气地说道：“是来捉鸦片的吗？”

对于张廷重和孙用蕃夫妻二人共同的“芙蓉之好”，张茂渊是颇有微词的，曾经对张廷重有过多次苦口婆心。而孙用蕃这句顾左右而言它的冷言冷语，却引出了张廷重一股莫名的火来。张廷重拿着手中的烟枪就打向了妹妹，兄妹二人就这样扭打起来。

张茂渊毕竟是个女子，再加上她没有估计到哥哥会真的下重手，立时就受了伤。好在张爱玲的舅舅当时也跟了来，急急拉开来，张茂渊才不至于伤得更重。

张茂渊捂着流血的脸，在门口恨恨地吼道：“以后再也不踏进你家的门！”扬长而去。

包敷好伤口从医院出来的张茂渊，曾到租界的巡捕房想去报案，可她已经踏上那台阶的脚又收了回来。这样的家丑张扬出去，实在太丢脸面。他们张家，虽然不似从前的门庭繁华，可毕竟望族的声望还在。

其实，张廷重和张茂渊兄妹早已心生嫌隙。更早的一年，因了一批宋版图书的祖辈遗产，他们和同父异母的二哥张志潜起了纠葛，以致闹上了法庭。本来他们兄妹大有胜出的希望，只因二哥请的律师，对张廷重许诺了一笔钱财，分化了他们兄妹二人，因此输了官司，也让妹妹张茂渊空手而归，颜面扫地。

张茂渊对张廷重前后的态度深感疑惑，待后来终于明了真相，深怪张廷重的背叛，也就冷了这份亲情。后来她更知道孙用蕃从中也起了坏的作用后，哥哥的门，也就极少进出了。

这次登门为张爱玲求情，没有好的结果也就在情理之中了。

张廷重兄妹一番打斗，竟然也牵连到了张爱玲。待张茂渊走后，张爱玲被关进了楼下一处荒冷了的空房里。那里，只有一两只老鼠从门缝和破窗钻来钻去，肆无忌惮地绕在她的桌前床下。

让张爱玲更悲痛的是，父亲在门外那句要用枪打死她的狠话。也许，那只是一句恐吓，但张爱玲却心冷地希望那是真话。她真的想要一颗绝情的子弹穿过她的心脏，那样她正好将肉体归还给他张家，自己的灵魂就可以能逃出这坟墓一样冰冷的老宅，追随着母亲去漂洋过海。那不正是那“干脆利落”的自由吗?

世间真的有无数屈辱，让人宁可选择舍命红尘。

最初，张爱玲是生了恨的，她用手指不停地抠撕着阳台的护栏，倒不是想抠开一个出路，只是想用这种疼痛来发泄怒气。偶然看到父亲和后母从外面走过，她恨不得两粒眼球是两颗子弹。

她不想再哭了，眼泪好像只是演给自己看的道具，那是无人理会的。窗外，只有风的吹去吹来。

让她没有想到的是，这次的悲伤是如此漫长，一天一天，竟然延续了半年。这却让她冷静了下来，再不想轻易地死。她想到了报仇，那应该才能让苦难更有意义。

一个小女孩就这样开始积蓄复仇的怒火，打磨自己的心智。她满脑子里都是《基督山伯爵》《三剑客》那些小说里的情节，渴望用一计谋略，刺穿所有的恨，当然包括这处让人昏沉的老宅。

她开始用心打量那些高墙，和“吱嘎”作响的老铁门。

漠然的父亲和后母，以及后母带来的那一干闲散的佣人，没谁在意这一个关在旧屋里的女孩子，就连弟弟张子静也不怎么敢靠近。只有老仆人何干时常过来，她看出了张爱玲的心事，也就眼泪汪汪叮嘱道：“千万不可以走出这扇门呀！出去了就回不来了。”

张廷重下了狠心将张爱玲关了这么久，如果她逃出去，怕真的就回不来了。更何况，还有一个铁了心的后母。

然而，张爱玲哪里还听得进去规劝？再说，她不想永远困在这没有出头之日的地方，只有逃出去才有阳光。

她，不停在头脑中设计自己的出路。将床单系联成绳子，从窗户上垂下去，这样的方式最是简单易行。只是，下去后还要经过花园才能翻出院子——那里养着两只大白鹅。鹅，总是那样爱叫，若是惊动了其他人，那肯定不只是脱不了身的麻烦，再挨一顿毒打定是避免不了的；或许，还会被关得更严，再逃出的机会也就愈加渺茫。

“唯一的树木是高大的白玉兰，开着极大的花，像污秽的白手

帕，又像废纸，抛在那里，被遗忘了，大白花一年开到头。从来没有那样邋遢丧气的花。”

张爱玲恼恨那鹅，连那鹅棚旁的花也一并生了恼恨。世间，也许只有她对玉兰有如此刻薄的怨。

成功地出逃，好的身体也是一个重要的先决条件。她，一边思量着，一边锻炼着，每天早早地起来做着健身操，以期抓住一个千载难逢的机会。

那个出走的缝隙还没有出现，张爱玲却患上了痢疾，但她依然拖着虚弱的身体坚持做操。最后实在坚持不住了，才停了下来。那一刻，她几乎是绝望的。让她陷入更深的绝望的是，父亲不肯给她医治。病情是越来越重了，她昏昏沉沉地独自在床上折腾，已经不知道黑夜白天，只觉得自己就是奄奄一息的将死之人。

“朦胧地生在这所房子里，也朦胧地死在这里么？”

她以为，这朦胧而生的起点，也就是朦胧而死的终点；她以为，一切都是安排好的，都是天意。

那绝望，让她几乎都不想看一眼这世界。

偶尔，大铁门传来"呛啷啷"的声音，让她生出一丝希望——逃出去。可是，她连爬下床去的力气也没有。

张爱玲的病日渐严重。何干实在不忍心，背着孙用蕃悄悄将状况告诉了张廷重。在这位老仆人的警告下，张廷重终于良心发现，当然他更怕背上残害亲生女儿的恶名。他让人偷偷给张爱玲注射些消炎药，加上何干的精心照料，张爱玲慢慢还转过来。

张子静似乎是知道姐姐的意图的；何干也逐渐明白了爱玲的心意，她不想再阻拦。何干担心这样的囚禁、折磨，会让小主人断了命。这可是她一手带大的孩子，虽无血缘，却是十分地疼爱。她也就有意无意地将门口警卫的一些信息透露给小爱玲。

夜里的机会，总是比白天要大很多的。

终于，在一个漆黑的晚上，机会来了。

1938年旧历年前的一个夜里，张爱玲趁门卫换班的当口，拔下门闩，狂奔而去。

就这样轻易地逃出，张爱玲感觉像梦一样，也陡然有了一种松懈。在离家不远处昏黄的路灯下，她竟然和黄包车夫很认真地讲起价来。她后来回忆道：

"真是发了疯呀！随时可以重新被抓进去。事过境迁，方才觉得

那惊险中的滑稽。”

果然是惊险而滑稽的。

记得，好似谁曾说过，所有的遭遇，都是成全。

如果没有那夜的出逃，或许就不会有后来红透上海滩的张爱玲了吧？如果没有那悲惨的经历，也就没有了她犀利如星夜的文字了吧？

张爱玲的逃去，何干是脱不清干系的，自然被张廷重痛骂了一番。何干却没有委屈的感觉，只觉得一身轻松。她接下了主人的怒火，然后又将张爱玲常用的耍玩之物，悄悄带了出去，给张爱玲留作念想。而后，她以年老的借口，别了张家，离开上海，回了皖北老家。

对于何干，张爱玲也许是唯一的牵念。最后将张爱玲放飞，释放了她对张爱玲全部的爱。这也是一个老仆人能够为张爱玲做的最后一件事。

后母孙用蕃却是少了一分厚道，张爱玲一走，就将张爱玲遗在家中的一切所用散给了外人——就当她是死了。

正如张爱玲所说，这是她在那个家的结束。的确是一个结束，张爱玲狂奔出那扇铁门，没有回头看一眼，也再没有回来。她的上海，和张廷重的上海，从此隔了那浑浑浊浊的苏州河。

伍 读书，或是嫁人

经济上的日渐窘迫，使黄逸梵犯难了，她不得不跟女儿摊牌：“如果早早嫁人的话，那就不必读书了，用学费来装扮自己，如果继续读书，就没有余钱花来买衣服了。”

张爱玲知道，一切都回不去了，那个老宅是自己的坟墓。

“死了就在园子里埋了。”

夜，还是那样黑，就算有路灯照耀，就算是霓虹闪烁；哪怕明月当空，哪怕繁星闪闪，黑总是黑的。

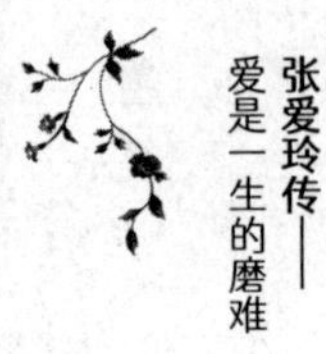

然而，当张爱玲拔下那冰冷的门闩，夺门而出的一刻。那夜仿佛璀璨的光明世界扑面而来，那夜竟变成了一个美丽的白夜。

一路的狂奔，就是新生。

看到母亲的公寓的时候，张爱玲觉得自己飞起来了。

一切，都不同了。

她顾不得和母亲说些什么，也无心体会母亲的纠结，就埋头在灯下唰唰唰地挥起了笔。她要将自己心中的屈辱彻底宣泄出来。

当时，张爱玲的英文水平已经很高了，用词不但精确，而且非常辛辣。她的文章寄给报纸后马上引起了编辑的注意。很快，《大美晚报》上刊登了她的文章，那是一个女孩对父亲和后母的控诉。

张爱玲第一次在正式报刊发表文章，没承想竟然是这样一篇血泪斑斑的哭泣。*What a life! What a girl's life!* 的标题，更是夺人眼目。

张爱玲知道父亲张廷重订有《大美晚报》，这，就是她复仇的第一步。

张廷重看了文章，觉得被揭了疮疤，很没颜面，但是张爱玲已经逃出了他的掌心，无法兴师问罪，也只能暗自地生着怒气。他大为光火，胡乱地摔打着东西。的确，这样的复仇，似乎大有成效。

好在那是英文报纸，在当时也并没引起什么波澜。

多年之后，1944年，张爱玲在她的《私语》中，又提起了那个冬夜的前后，文辞虽然依旧尖锐，但不再那么激烈，尤其对父亲的叙述，竟然有了几丝的暖色。那时，张爱玲已经名声在外，文章当然是引起了诸多人的关注。

其时，在女儿的文字里再读那些旧事，张廷重只剩难堪，没有了愤怒，时光的沉淀，让他对自己有了更多的打量和反思，也生了许多的愧悔。

张廷重拿着那本《天地》月刊，独自叹息着，甚至都不敢看儿子张子静的眼睛。当年，他没有因为张爱玲的出逃，而去珍爱身边剩下的这个孩子，甚至那恶劣的态度愈是有增无减。甚至还耽误了他的学业。

张子静这名字，看起来比张爱玲更文艺一些，但张子静丝毫没有姐姐张爱玲那叮当响的文艺才华。他是一个静默的人，甚至静到软弱。可就是这样一个静到只会用哭泣面对风雨的他，也终于忍受不了父亲的凶横逃出来了。

他逃得虽然不像姐姐那些惊险，但当他一脸泪水地站在母亲和姐姐面前时，那样子，仿佛比姐姐更可怜。

突然看到弟弟站在面前的时候，张爱玲悲喜交加，急切问道："你怎么来了？跟爸说了没有？"

张子静手里拿着他最欢喜的那双篮球鞋，眼泪流了下来，垂着头

低声嘟囔道：“姐姐，我也想和你们在一起，爸爸总是打我！”

他慢慢卷起袖管，累累的伤痕，让人不忍直视。

那夜逃出来的张爱玲，第一眼看到母亲，没有泪，只有笑。看到弟弟，她哭了。逃出来后，张爱玲在母亲和姑姑的照料下，身体和情绪是一天天向好的，这使她更加挂念弟弟。知道弟弟遭受的谩骂和拳脚，似乎比她还多，她难过不已。

黄梵逸看在眼里，好似万箭穿心。她，泪如雨下。

她多想从此与两个孩子相守相依，用万般的温暖去赎自己多年离去的亏欠。

可她毕竟是一个身无所长的女子，独自面对乱世已经很艰辛。张爱玲到来后，生活已经让她犯难，儿子的到来竟让她不知所措。

她实在无力同时照料女儿和儿子的生活。因为她做不到。

爱玲和弟弟懂母亲，都没再说什么。他们三人紧紧搂在一起，只是抱头痛哭。

张子静在母亲和姐姐身边依恋几日，最终还是无奈地离去了。那一刻，他的眼里闪着和姐姐张爱玲奄奄一息时一样的冷光——绝望、无助。

云端的，都是美丽。

烟火中，却多丑陋。

一日三餐，日日相守相望，日子久了就清楚地看到了彼此尴尬的一面。

张爱玲渐渐发现，母亲原本云朵一样的光鲜背后，却是捉襟见肘的遮遮挡挡。心性里从不在意金钱的她，整日里对于吃穿住行那样斤斤计较。

黄梵逸突然发现，那从小被视为天才的张爱玲，对于日常生活，白痴一样的无知，甚至是无能。她苹果不会削，袜子不会补，更是怕见生人。住了许久，问她电铃在哪里，她竟然一脸茫然。

黄逸梵不得不认真打量自己这个女儿，不再对她寄予过高期望，而是让她重新从日常的琐碎做起：吃饭、穿衣，甚至是走路。

张爱玲也努力着，可是一晃两年过去了，她依然是不谙世事的痴傻。

黄逸梵几乎绝望了，一度怀疑为张爱玲付出这么多是否值得，她甚至说："我懊悔从前小心看护你的伤寒症，我宁愿看你死，也不愿意看你活着使自己处处受罪。"

这虽然是恨铁不成钢的怨语，但也反映了一个母亲的心力交瘁。

那时，张茂渊的日子已经非常艰难，汽车卖了，佣人辞了，也搬进了一个狭窄的公寓。有稳定工作的张茂渊尚且如此，没有固定收入来源的黄逸梵的压力可想而知了。

经济上的日渐窘迫，使黄逸梵犯难了，她不得不跟女儿摊牌："如果早早嫁人的话，那就不必读书了，用学费来装扮自己，如果继续读书，就没有余钱花来买衣服了。”

“早早嫁人”这话，张爱玲是特恨的，虽然她没有说。

这其中，有一段隐情。

在圣玛利亚女校，深得国文老师赏识的，除了张爱玲，还有一位叫张如瑾的同学。这两位张姓才女，对最负盛名的作家张恨水和张资平的欣赏，却大不相同，为此两个人常常各执一词，争得一塌糊涂。但彼此的才华，却让她们相互视为知已。

张如瑾写的长篇小说《若馨》轰动一时，全校的师生们无不赞叹，甚至已经联系好了出版事宜，无奈因战火突起而不了了之。谁知，更出乎意料的是，她这个知已一个转身，匆匆嫁了，从此再没有写过半个字句。张爱玲很为这位才华横溢的好友惋惜，她觉得，就是早嫁，毁了一个绝世奇女子。当时，她在毕业年刊《最恨》一栏里，写下的正是“最恨一个有才华的女子突然结了婚”。

如今母亲在她面前说起“早早嫁”，实在戳到了张爱玲的痛处。

在出逃之前，母亲黄逸梵曾经传话给她：“细想一想，跟父亲，自然是有钱的。跟了我，可是一个钱也没有，你要吃得了这个苦，没有反悔的。”

日子上的紧迫，张爱玲是有所预知的，但更是情感上的芥蒂，让她心生疏离。她在《童言无忌》里这样写道：

“问母亲要钱，起初是亲切有味的事，因为我一直是用一种罗曼蒂克的爱来爱着母亲的……可是后来，在她的窘境中三天两天伸手问她拿钱中，为她的脾气磨难着，为自己的忘恩负义磨难着，那些琐屑的难堪，一点点毁了我的爱。”

的确，太亲近的距离，常常会让美好山穷水尽。特别对于敏感又漠然，倔强又脆弱，自卑又自傲的张爱玲，简单的母爱也就复杂了，对此，她心事凉凉地道：

“这时候，母亲的爱亦不复柔和了。”

原本云端里的母亲，如今在红尘里行走，而且步履不再优雅，竟然还不时踉跄几步，就像穿着旗袍跌在泥地里，全被张爱玲看了个精光。再加上母亲时不时对她的抱怨和责怪，亲切，也就慢慢地在张爱玲心底散开去了。对安稳的渴望，也渐渐飘摇了。

父亲的摧残是暴力型的，是锐利地刺穿；母亲的摧毁是腐蚀性的，是一点一点地啃噬。这是张爱玲的感觉，小小的她，不知道哪里

还有心灵的安稳。以致后来她对这两位本最亲近的人，竟一样的冷漠；甚至在他们生命最后的一刻，她都不肯前往相见。

那个她拼命逃离的父亲，那个她曾全心追随的母亲，最终都成了她最不想看见的人，直到他们离世。

张廷重和黄逸梵，在挥别人世的那一刻，不知作何感想？

第三章 一座孤城一个人

初到香港

这一次，张爱玲真真正正地独自走了。

每个人都有一片心灵的故土，每个人又都有一片情感的远方。现实里，往往生活的立足点离一个点更近的时候，另一个点就会产生更大的吸引和召唤。

张爱玲对远方的向往，缘于母亲。那句“母亲去了海的那边”的话，早就在她小小的心里生了诱惑。被束缚太久、压抑太久，远方的渴望就更加迫切了。远方，并没有具体的所指，就是可以“干脆利落”地活着的地方吧。

自由不就是身心的空间吗，而远方的蓝天白云，或者海，都正是辽阔的意象。

那夜，张爱玲义无反顾地奔向母亲，就是奔向远方的一个追逐。年幼的她曾经以为，母亲这里是那向海天而行的船头，可以凭栏感受浪涛的澎湃，风云的激荡。然而，当她和母亲生活在一起后，那些美好的想象却轻浅了，水落石出的，是许多丑陋的难堪。

生活，原本就不是处处花开，更何况那个人心慌张的乱世，谁不是一脚深，一脚浅地摸索着？

原本为了梦想从父亲那里出逃，等待她的自由，是光明，可在母亲这里无形的束缚和压力让她几乎窒息。张爱玲觉得自己就像一条搁浅的鱼，她不想束手待毙，在焦渴中拼命地挣扎着，因为她听到了涛声。

张爱玲的学业很优秀，然而相比于其他的科目，数学着实是有点惨不忍睹。

母亲黄逸梵虽然认为张爱玲是一个无可救药的孩子，但还是尊重了她继续读书的选择。不仅如此，为了张爱玲，在那么艰难的时刻，她竟以每个小时五美元的高价，请了一位英国的犹太裔老师为张爱玲补习数学。一边打骂，一边又精心地为孩子谋划前途，天下的母亲莫不如此。

以生死的意念为支撑的努力，都是无比强大的。通过刻苦的学

习，张爱玲终于没有辜负自己。

1939年的夏天，张爱玲在英国伦敦大学的入学考试中，获得了好的成绩。

考试的成功，让张爱玲有了乘浪逐远的良机，是一次潮起；可第二次世界战争欧洲区的大爆发，则是一次潮落。伦敦大学，那可以任由飞翔的远方，她是去不了啦。

她这条搁浅的小鱼，在这场潮汐中，还是没能绕过裸露在面前的累累礁石。

好在校方及时发出了挽救性政策——学生们可以凭成绩单改入香港大学。

好吧，这的确不是一个绝望的结局。

张爱玲从来没辜负过自己，就算别人看来错误得不可理喻的选择，她也义无反顾，坚持自己。她走出的每一步，都不是错，都是向前的，是应当的。都是岁月长河里应有的潮起潮落。

张爱玲，就是这样一个感性到倔强的天才。

如果说母亲是张爱玲旅途的一座小码头，那香港就是一座大码头。

从上海，到天津，再返回上海，张爱玲都是随着家迁徙；而这一次，张爱玲真真正正地独自走了。

一声长长的汽笛，客轮缓缓离开了码头，一再被耽搁的行程，终于启航。

香港，又是怎样的栖息地呢?

张爱玲是兴奋的，面对无际的大海长天，她第一次真正感觉到了辽阔的味道。的确，唯有这样的地方，才适宜梦的遨游和飞翔。

香港码头，船轻轻靠岸，张爱玲心一震——到了。她还没有踏上这座岛城，异样的锦绣就已经扑面而来，再一次刺激了她飞翔的激情。

对于香港的初印象，她在《倾城之恋》里这样写道：

“望过去最触目的便是码头上围列的巨型广告牌，红的，橘的，粉红的，倒映在绿油油的海水里，一条条，一抹抹刺激性地犯冲的色素，窜上落下，在水底下厮杀得异常热闹。”

提着藤条小箱子踏下甲板的那一刻，张爱玲是平静的，在熙熙攘攘的人流中，她平静得像一只孤独的鸽子。

十九岁，繁花似锦的年纪，终于放飞了自己。张爱玲的忘情都是在心底的，那种澎湃的声音尽管无比强烈，但也只有自己听得见。她的冷峻，她的成熟，从来都远远超过她的年龄，还有她那一身浅蓝色的旗袍。

张爱玲终于远走了，离开了父母亲人，但父母亲人的爱却并未走远。

张爱玲走出码头，一个优雅的男士正等着，这个朝她微笑的人是李开弟。张爱玲毕竟是第一次出远门，况且独自生活的能力和经历太少，母亲和姑姑就特意委托李开第做她在香港的监护人。

李开弟何许人？他是黄逸梵和张茂渊游居英国时相识的，因为非常投缘，也就成了好朋友。母亲和姑姑放心地把张爱玲托付给李开弟还有一层更重要的关系——张茂渊和李开弟，相互倾慕，都生出了共舞华年的情。怎奈两人相识之时，李开弟早有婚约。

张茂渊不想错过，但也没有逾矩，她只是静静地等着，守着一片不惊不扰的真心。有谁知，这一守就是五十多年。这是后话。

1932年，李开弟结婚，张茂渊还特地去了婚礼现场。许多年后，李开弟的妻子病重入院，张茂渊竟然精心照料，相陪左右。一个女子，在爱情上这般举重若轻，该是怎样的旷达胸襟?

好在苍天还是给了这份守望一个切实的回答，李开弟的妻子去世十多年后，在李开弟儿女一而再、再而的撮合下，已经七十八岁的张茂渊和李开弟走进了婚姻的殿堂，从此度过了十二年的真挚相守。

如此默默半生，这样的长情是怎样的浪漫?

香港大学说大不大，但对张爱玲来说，却是一个新世界。校园和一座法国修道院相邻，倚山而建，仰有峰顶气象万千，俯有山下车水马龙。校园里栽种了许多奇花异草、妙林嘉木，低处有蜂蝶闹戏花丛，高处有禽鸟鸣唱林梢。这种繁华和宁静的调和，都市与旷野的搭配，实在是梦想和现实完美的协调。

港大的学生，多是来自东南亚各地富足之家的儿女，衣食住行，无不奢华气派。张爱玲的家世足够显贵，与他们相比，甚至更显优越，可经济上就相形见绌了。这倒不是因为家族败落，而是因为张爱玲已经脱离张家，当时只能靠母亲和姑姑的接济，来维持学习和生活所需。

有一次，一个富家子弟邀请大家去离岛上的别墅游玩，但要各自承担来往所需的船费。张爱玲的一切费用，都是要精打细算的，实在舍不得那十几块钱，就推脱着不去。大家很是不解，就再三地追问，弄得张爱玲很是窘迫。

因为生活拮据，明里暗里，张爱玲没少遭别人的讥笑。面对贫穷，二十岁的张爱玲还无能为力，她只有发奋努力，完成自己的出国梦，改变命运。

不精心于衣衫，不忙于交际，张爱玲的香港生活就是纯粹的学习。沐浴在自在的光影里，张爱玲真正回归了少女身心的清纯。

有一次，张爱玲正在草木中的青石上端坐看书，忽然从左近里窜出一条大蛇。张爱玲一时竟然没了魂，动弹不得了。许久才尖叫着慌

不择路地逃开去。从此，远远地绕开那里，再不肯轻易靠近。

学校的图书馆建了三十多年了，那里很多图书静静地沉睡了三十年，透着一股腐败潮湿的异味，因为很多人，特别是年轻的学生不喜欢。但张爱玲独爱那轻轻颓废的味道，那泛黄的书卷正好贴了身心。那些老旧的纸张，似乎也一直在等张爱玲的到来，等着她一页一页打开。

当然，张爱玲偶尔也会约了同学到那个叫“青鸟咖啡馆”的去处小坐，品着咖啡，撕着面包，说些风一缕云一缕的话。

专心读书的张爱玲，成绩自然是优异的，她所学的科目，都一直名列前茅，也就连续获得了两年的奖学金。奖金的数额，相当于香港平常人一年的收入了。为此，张爱玲买了许多布料，自己设计服装，算是奢侈地穿戴了一番。

有一个以严苛著称的英国教授，深为张爱玲成绩折服，赞道：“我教了十几年书，可从来没有给过这样的分数。祝贺你，高才生！”

由于成绩卓越，学校免除了张爱玲的学杂费用。学校的传统，优秀的毕业生毕业后将有机会被免费保送到英国深造，而且是世界顶尖的牛津大学，张爱玲即有机会获得这个名额。

离梦想似乎是更近了，但张爱玲丝毫没有沉溺于这种兴奋，而是更加努力。每次给姑姑写信，她也都用英文完成，而且闲暇时她还大量阅读英文小说，去用心学习英语的精髓，以期那个梦想来临的时候，能够完美地进入。

当然，她也偶尔想起母亲。却很少给母亲写信，因为在她离开上海的时候，母亲也随了美国男友登上了远渡重洋的邮轮。

张爱玲在她诸多的文字里，从未提过母亲的这个男朋友，这是故意的避讳，因为这是她情感上的忌讳。

其实，早在张爱玲高中毕业那年，黄逸梵回到上海和张廷重商讨张爱玲出国事宜时，就是和男友一起回来的。因为这个男人，张爱玲和母亲相处不久后就发出了“母亲的家是不复柔和的了”的感叹。

就像张爱玲不肯轻易接受继母一样，她孤傲的心里，又怎么肯接受一个继父？甚至是一个洋人继父呢？

不再孤独

张爱玲结识炎樱，就似看到了镜子中的自己。

表姊妹黄家瑞曾经回忆张爱玲，说她是“一个既热情又孤独的人”。

这，的确是真实的张爱玲。

然而，没有谁的内心是磐石。

哑者的手口并用，聋者的目不转睛，无不是渴望懂你和你懂。

香港时期的张爱玲，与父亲家中的张爱玲，已经迥然不同。到香港后，张爱玲的内心放开了很多，偶尔也会张扬孩子的心性，学着同学的方言去逗弄她们，或是用滑稽的动作夸张地戏谑她们家乡的舞蹈，尽情展示年轻的味道。可她在同学们眼里，依然是一个不会沟通的人。就像她自己回忆说："我是孤独惯了的，以前在大学的时候，同学们常会说我们听不懂你在说些什么，我也不在乎。"

别人的世界里人来人往，她的宇宙中独自我行我素。

话，是说给懂的人听的，就像梅邂逅了雪，柳遇到了风。

金桃是很熟络的，她一个马来西亚来的华侨姑娘，总是一边摇摆着身姿，一边挥动着一块大手帕唱着："沙扬啊！沙扬啊！""沙扬"，意思就是"爱人"。这样又唱又跳的诱惑，倒是在校园里引起了一股马来舞热潮。

她，也只是仅仅熟络而已，不是那个懂得。

还有一个叫月女的姑娘，总说她的父亲是经商发达的，但却又因为迷上一个不正经的女人荒废了家业。每每说到那个女人，她就会狠狠地往地上吐口唾沫。她也会交际跳舞，可她只会和父亲、哥哥跳。

这位有着一双纯真的大眼睛的同学，和张爱玲有着相似的境遇，可她，也不是懂张爱玲的那个人。

那个懂的人终是来了。那是一个叫莫黛的锡兰（如今的斯里兰卡）女孩。

这个不懂中文的女孩，对中文又十分痴迷。

张爱玲在《双声》中回忆与这位有趣的女孩初相识时，这样写道：

“我替她取名‘炎樱’，她不甚喜欢，恢复了原来的名姓‘莫黛’——‘莫’是姓的译音，‘黛’是因为皮肤黑——然后她自己从阿部教授那里，发现日本传说里有一种吃梦的兽叫作‘貘’，就改‘莫’为‘貘’，‘貘’可以代表她的为人，而且她云鬓高耸，本来也像个有角的小兽。‘貘黛’读起来不大好听，有点像‘麻袋’，有一次在电话上又被人听错了当作‘毛头’，所以又改为‘貘梦’。这一次又有点像‘嫫母’。可是我不预备告诉她了。”

如此认真地考究一个女孩子的名字，这似乎是张爱玲在学习和写作之外最专心的一件事，可见她对她的认真。

炎樱是个混血儿，皮肤较黑，身材丰腴精致。她的母亲是天津人，当年遇到了在上海开珠宝店的阿拉伯裔锡兰人（炎樱的父亲），两人一见钟情。为了这份爱，炎樱的母亲不惜和家人决裂。

炎樱是一个热情大方的女孩儿，说话风趣灵动，而且妙语连珠，像一枚小巧而圆润的开心果。她一开口常常逗得周围人一片哄堂大笑，因此她深得港大同学们的喜欢。

她曾经向张爱玲说，她在一个舞会上曾经玩一个“向最智慧的鞠躬，向最美丽的下跪，向最爱的接吻”的游戏。张爱玲问她有人说她是最爱吗。她回答说那天她实在很好看，大家都乱吻，也不知道是谁吻的了。

对于她自己日渐丰满的身形，炎樱非常幽默地对待："两个满怀较胜于不满怀。"如此泼辣的句子，她从不避讳什么。

就是这样一个美丽而活泼的女孩，温暖了忧郁、孤独的张爱玲。正是有了这段相遇，一向孤独的张爱玲，开始不再孤独。

两个人在一块时，以吃为乐。闲暇时，俩人常到书报摊上闲逛，将各类画报翻个遍后却总是不买，这就难免惹了摊主不满地故意尖腔尖调地高声嘲讽道："谢谢你！"炎樱却微笑着回一句："不客气。"还故作礼貌地和人挥手告别。若遇到中意的东西，炎樱也是不会放过的。

炎樱和张爱玲是两个截然不同的女孩儿。张爱玲只在意文章的细节，生活上粗枝大叶；炎樱生活中是非常精细的，各方面都算计得周到。一次，她们二人逛到一家犹太人的店铺，炎樱看中了一件商品，便求打些折扣，店主却是怎么也不肯。炎樱便把手包和衣兜翻空了对店主说："你看，没有了，真的，全在这儿了。还多下二十块钱，我们还要吃茶去呢。专为吃茶来的，原没有想到买东西，后来看到你们这儿的货色实在是好……"

其实二十块钱是完全不够两个人喝茶的，可碰到了这样会说话的女子，明知道炎樱在说谎，店主就是不好意思拒绝。张爱玲回忆说：

"店老板为炎樱的孩子气所感动——也许他有过这样一个棕黄皮

肤的初恋，或者早夭的妹妹。他凄惨地微笑，让步了。”

张爱玲说“炎樱也颇有做作家的意思”。的确，也是颇有做作家的灵感。日常的言谈里，时时爆出天才的妙语。

她说：“月亮叫喊着，叫出生命的喜；一颗颗小星是它羞涩的回声。”

对于女人头发她是这样说的：“非常非常黑，那种黑是盲人的黑。”

在说到蝴蝶时，更是语出新颖：“每一个蝴蝶都是从前的一朵花的鬼魂，回来寻找它自己。”逐花的蝴蝶，原来是在寻找前世的自己，真是妙到峰巅的诗意。

假如炎樱能够连续地绽放这样的奇思妙想，或者将这些语句连成篇续成章，她真的可能会成为和张爱玲一样的女作家。遗憾的是，她似乎并不太在意自己在这方面的天赋，只将自己活成了别样的精彩。

好在张爱玲一路捡拾，把她的闪光像穿制项链一样整理成了《炎樱语录》，而且还在众多作品里时不时地展示几段。

有人说，是张爱玲成就了炎樱，其实，炎樱也给张爱玲带去了很多，或许，说她们相互成全更贴切一些。

张爱玲的《传奇》再版时，炎樱为其设计了封面，让同样喜爱画画的张爱玲拿到封面倍感惊艳：

“炎樱的封面，像古绸缎上盘了深色的云头，又像黑压压涌起了一个潮头，轻轻地落下许多嘈切嚓嚓的浪花。细看却是小的玉连环，有的三三两两勾搭在一起了，解不开；有的单独像月亮，自归自圆了；有的两个在一起，只淡淡地挨着一点，却已经时过境迁——用来代表书中人相互的关系，也没什么不可以。”

张爱玲认为炎樱的画美到了极致，让人无处再创造，只能心甘情愿地去临摹。

得到张爱玲如此推重的人，屈指可数，炎樱的才情，可知一二。

不过，世人总以为炎樱只是张爱玲光芒里的一粒光尘。

后来，炎樱到日本发达，再后来，在美国安家，都和张爱玲有着丝丝缕缕的勾连。但那已经不是张爱玲的繁华，那已经是炎樱的锦绣了。那些，是她才情应得的收获。岁月，哪能不让一个优秀的女子脱颖而出？

张爱玲结识炎樱，就似看到了镜子中的自己。那么心有灵犀，但行止却又左右不一，一个动于表象，一个动于内心。她们在一起，是那样互补地快乐，至少，曾经那么快乐；至少，炎樱是张爱玲两段婚姻的见证人。芸芸众生，她是唯一的那个。

张爱玲是幸运的，在二十岁的年纪遇到了第一个懂自己的人。

炎樱，见识了张爱玲华美的袍子，也看到了张爱玲窘迫的蚤子，

因为，只有她能懂。

那时，对张爱玲来说，念念不忘的还有一件，就是林语堂主办的《西风》杂志。

张爱玲新入港大，正逢《西风》杂志创刊三周年征文，她精心创作了《我的天才梦》，文章一改再改，为了达到征文要求严格控制在500字内。她的文章火了，文中那句“生命是一袭华美的袍，爬满了蚤子”，更是成为横空出世的名句，惊艳文坛。

1994年，张爱玲在出席台湾地区一个文学成就特别奖时，发表了获奖感言《忆〈西风〉》，大意是说，她的这篇《我的天才梦》，曾得到杂志获得首奖的通知，为此还得到了老师和同学们的祝贺。但最终的获奖名单中，她却只列榜尾的十三名，相当于“荣誉提及”的意思，这很是让她难堪和尴尬。更让她不解的是，获得第一名的文章，字数却是远远超出了限制，为此她说：“《西风》从来没有片纸只字向我解释。我不过是个大学一年生。”文章的最后又说道：“五十年后，有关人物大概只有我还在，由我一个人自说自话，片面之词即使可信，也嫌小气，这些年了还记恨？”这语气看似坦然了，其实依然还是有些不忿，很有些耿耿于怀于遭受不公的意思。

关于张爱玲的这段旧事，后人进行了一定的考证，据说当时杂志征文的要求是5000字，而并非她所说的500字，再者，她是书写在没有格的稿纸上的，要求则是要誊写在方格稿纸上。这里，杂志社倒是有些破格录取的意思。至于排名的调动也许是有可能，毕竟一篇500字的文章，离5000字的要求实在差距有点大，编辑和评委们就有了更多的考虑。

但，杂志似乎没有糊弄一个学生的意思，反之，却是相当地重视，文章不仅全文刊发，另版的征文集，更是以张爱玲的《天才梦》为名。

《西风》应该是张爱玲文学初创期的伯乐，而决非她所想象的，让她伤心的“西风”。

《忆〈西风〉》，是张爱玲最后发表的一篇文章。她的文字以此收尾，应该是她的遗憾，也应该是《西风》杂志的遗憾。那原本是千里马与伯乐的相遇，却是这样误会深深的一个梗。

岁月如风，却吹不尽当年的尘沙，那些对错，那些是非，倒也成了人们津津乐道的猜想，东一句西一句地成为传奇。

历史，本就如此，从来不能干干净净地去伪存真。

叁 战火中

战火早已四起，香港因为特殊的原因一度成了最安全的避风港，然而，随着战局的发展，香港也未能幸免。

1941年12月8日，战火烧到了香港。张爱玲和她的同学一样，懵懵懂懂地就被席卷到了炮火之中。

那天，当飞机从头顶掠过的时候，还没有人在意。忽然炸弹就散下来，落地炸开。紧接着，枪声炮声也响起来了。

硝烟漫卷一寸又一寸土地，留下满目疮痍，让人痛心疾首。每一缕风都充斥焦煳血腥的味道。

战争，从来是摧毁性的，以极端的方式锐利地刺穿各色人。

面对战争，最初，人们并不感到恐惧，而是怀着一种莫名的兴奋感。学生们，尤其是女生，竟是格外亢奋，有个女孩子甚至为没准备好迎接这战争而苦恼：“哎呀，怎么办呢？没有适合的衣服穿呀！”是啊，各种场合的衣服都是有准备的，而打仗，又该穿什么样的衣服呢？这超出了这位富家女孩的想象和预料。

战争不是鲜艳的，美丽的，和所有的锦绣华服都不相配。战争和爱美的女人也不相配。但是女孩子对美的追求，却又是这样地极致。

即便是炮火声愈来愈猛烈，那个叫苏雷伽的女同学，还是在舍监焦虑的催促声中，将自己的衣服从容地打理成包。大家都说这种做法是很愚蠢的，但她充耳不闻，坚持把那沉重的衣箱往山下搬。后来，这个女孩在红十字做了临时看护，依然打扮得漂漂亮亮，就算是去劈柴生火，她穿的也是一身精致的织锦棉袍。别人都说这简直是对好衣物的糟蹋，但她却不这么认为。她觉得，如果没有这种优雅的穿着，她也许不会在那一帮男护士中混得好人缘。战争，让一向娇弱的她，能吃苦了，也有了担当。

然而，炮火带给人们的重创是无以复加的，很多同学是悲观的。同学们挤在宿舍最低层，机关枪那“忒啦啦拍拍”的声音，让人惊惧。没有谁敢迎着枪炮声去洗菜，于是，菜汤里满是“蠕蠕的虫”就成了日常。那些平素里高贵娇气，吃惯山珍海味的女生，此时，却都默默地就着眼泪吞咽着。

唯有炎樱，一副从容乐观的样子。有个同学本来计划去撒哈拉沙漠看看，就诅咒这讨厌的炮火摧毁了她美好的旅程。炎樱笑着对那人说："不要紧，等他们仗打完了再去，撒哈拉沙漠大约是不会给炸光的。"战争，不可能炸光沙漠，但会将很多地方炸成沙漠，比如人心。

对于纷飞的炮火，炎樱不仅是嘴上不以为然，说起来轻轻松松。头顶上的飞机飞来飞去，房前屋后随时都有炮弹飞过，她竟都不以为然，自在地走下山去看卡通电影。回来后，还能爬到楼上去洗澡。当时，恰好有一颗流弹飞来，将浴室的玻璃打了个粉碎，惊得躲在楼下的同学们一阵惊呼。她却满不在乎，一边哼着歌，一边哗啦啦地撩动着浴盆里的水，依然一脸的嬉笑，似乎是在嘲讽胆小的人们。惹得舍监大为光火。

炎樱的乐观，给张爱玲带来一份暖色，一种安慰。而佛朗士教授的死，却又给她带来了一团青紫的恐怖。

佛朗士是张爱玲的历史教授，他有一张孩子似的肉红色的脸，瓷蓝色的眼睛，圆圆的下巴，稀疏的头发，脖子上总系着一块有些脏破的蓝绸，权当领带。

佛朗士是一个豁达幽默的人，能把所有暮色沉沉的历史，讲得鲜活生动，而且他特别喜爱中国文化，更有趣的是，他根本不懂得笔画的顺序却写得一手漂亮的汉字。

这样的一个人，让张爱玲非常喜欢。

有人说，佛朗士是张爱玲初恋的懵懂。

作为受过良好教育的英国人，佛朗士身上却没有传统绅士的一板一眼。上课的时候，爱抽烟的他，总是将烟蒂从女同学的发丝边上弹出窗外，惹得她们一声声尖叫。有一次去广州，他听说那里有座名声在外的尼姑庵，非要去那里见识见识，惹得同行的中国教授不自在。

他的住处也是别有风格，三幢房子偏偏要盖到荒远的郊区，并且特别辟出一幢来养猪。家里一切从简，不装电灯，不安自来水。唯一的一辆汽车，早已破旧得不成样子，当然不是为了他自己出行，只是为了让仆人们买菜方便。

战争爆发后，佛朗士被征去做了志愿兵。接到队伍要操练的通知，他长腔长调地对大家说："下礼拜一不能同你们见面了，孩子们，我要去练武功了。"

没想到，这一去再没有回来。

他死得有些滑稽，甚至毫无意义。

据说，那天他回到军营的时候，天色有些晚，哨兵远远地喝问，他竟然没有回答，于是哨兵立刻开了枪。或许他当时脑子里正想着什么东西。他就这样沉进了深深的夜色里。

张爱玲听到佛朗士的死讯，非常吃惊和难过，不断地感叹："一

个好先生，一个好人。”

在没完没了的枪炮声中，一个又一个鲜活的生命，变得血肉模糊，扑地而亡。

张爱玲的心头，也多了许多的悲凉：

“房子可以毁掉，钱转眼可以成废纸，人可以死，自己更是朝不保暮。”

食品和军火一样，是战争中紧俏的物质。

香港大学停课了，学生们四散而去。作为外地人，张爱玲是无处可去的，只有参与到守城的队伍中来，才有可能保证吃住的问题。张爱玲和几个同学去防空总部报名成功，成了一名防空员。

刚领到证章，香港就遭到了又一轮轰炸。张爱玲和同学从电车上跳下来，乱作一团。他们先是挤在一个大门洞里，爆炸声越来越近，他们一个挨着一个都伏在地上。张爱玲忽然觉得，这真是有损防空员的形象。

飞机怪叫着掠过头顶，一枚枚炸弹落在街对面的废墟中，剧烈的爆炸声此起彼伏。炸弹第一次在身边爆炸，张爱玲恐慌极了——难道就这样在这陌生的地方，陌生的人群中死去吗？像她的老师佛朗士一样死得毫无价值？

飞机终于远去了，人们冲出去，又纷纷挤上了电车，只怕被落下而浪费了手中的车票。

张爱玲回忆起当时，写道：

“我们对于所抱战争的态度，可以打个譬喻，是像一个人坐在硬板凳上打瞌盹，虽然不舒服，而且没结没完地抱怨着，到底还是睡着了。”

除了领饭吃，防空员似乎是可有可无的存在。张爱玲平时就躲在一隅，找一些书看，《官场现形记》就是这时候看完的。那极小的字，再加上昏暗的光线，张爱玲感觉对眼的伤害很大，可转念一想：“一个炸弹下来，还要眼睛做什么呢？——‘皮之不存，毛将焉附？’”

战争，是让人绝望，让人空虚的。绝境中的人都无力张望未来，大家纷纷撕去伪装，回归了原始。男女同学没有了那种彬彬有礼，也不再暧昧，取而代之的是言语上的调情，是赤裸裸的挑逗。男生坐在女生的床沿上，更夹带着伤感的焦渴，肆意逗弄着女生，女生也全然不避讳隔壁的同学，只一味地撒着娇。他们不以为耻，也没人这么以为。生死面前，人，还有几分自制呢？医院的院长担心战争中会出现大量的私生子，一度忧心忡忡。

不管怎么说，战争一打响，香港结婚的人一下子多了起来，老的少的，也有许多在校的学生。报纸上，满是结婚的启示，很有些末路狂奔的味道。

在张爱玲的身边，也有一对男女要结婚，他们来到防空办公室，找处长借汽车，说是去领结婚证。几次来，总是不那么凑巧，可他们从没有什么抱怨，只是默默地等着，一等就是好几个钟头。两人不时地对望着，一脸幸福。

男的，是一个医生，从面相看，平日里或许不是个温善的人，但此时，却是那么深情而痴恋地望着自己的新娘子。女的是一个看护，小巧而美丽，没有弄到结婚礼服，但一身淡绿的夹袍，却是满满的喜气。他们彼此目光里的依恋，仿佛发着光散着热，一时间把大家心头的硝烟驱散了，只剩下了那无端的快乐。

这是枪刺上的玫瑰，倒也是无奈的成全。

一场战争，一部名作。

张爱玲的小说代表作《倾城之恋》写的就是香港故事。“倾城”指日军侵占中的香港，书中最后写道：

“但在这不可理喻的世界里，谁知道什么是因，什么是果？谁知道呢？也许就因为要成全他，一个大城市倾覆了。”

对张爱玲来说，这一切，又何尝不是一份成全？

一座孤城

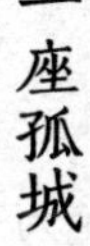

1941年12月25日，香港，彻底地沦陷了。

轰炸终于结束了，偶尔，远的，近的，还有零星的枪声。对于街头巷尾的人们来说，战争似乎结束了；生命，也重新归于了自己。

“自来水管子里流出来的清水，电灯光，街头的热闹，这些又是我们的了。”

忽然间，人们对于吃的渴求异常强烈起来。经历了战争中的生死无常，大家觉得只有吃才是最直接真实的享受。在食物面前，衣衫、

住所，甚至道德廉耻，都是那么浮浅和苍白。于是，和吃风马牛不相及的汽车行、绸缎铺等场所，也经营起了食品。街头，每三五步就有一个卖小黄饼的摊点，那些操作风炉的摊主，都是西装革履模样的人，大约都曾是洋行里的职员。

“馋”似乎没有这么浮夸过，每一个阶层，那些年轻的学生尤为夸张。张爱玲和几个伙伴为了吃一个冰淇淋，竟然跑遍了街头的小吃店。更不惜第二天步行十多里再去寻找，尽管那是非常糟糕透顶的一杯，满是冰渣子，但总感觉是一种满足。

吃的势头越来越猛，很多“学校的教员、店伙、律师帮办”也纷纷加入到摆摊做小黄饼生意的大军中。慢慢地，吃食的花样也多了起来，“实验性质的甜面包，三角饼，形迹可疑的椰子蛋糕”，也纷纷出现在人们的碗碟之中。

战争，让人们无限接近死亡，也对死亡呈现出了无限的冷漠。

张爱玲和她的同学们，站在街头吃着油煎萝卜饼，脚下半步远的地方就躺着青紫的尸体。她们，全然没有了恐惧，也没有了怜悯。硝烟过后，花草、街道、河流、山川，甚至人的心上，都满是尘埃。曾经被炮火威慑住的生命，早已没有了惊慌和情感，只剩下无边的麻木，维持着躯壳的呼吸。

港大没有复课，那里成了“大学堂临时医院”，留守的学生都在那里做了看护，张爱玲也是。

战争造成了大量的人员伤亡，各大医院里人满为患，一些症状相对轻一点的便转到了这临时医院。真正从火线上下来的伤兵基本没有，这里救治的大多是被流弹击中的苦力，和一些趁乱打劫被追捕者打伤的散杂人员。

养病，本是一件寂寞的事，医院的日子又漫长而枯燥，这些社会底层的人又是闲不住的，时常就会发生一些莫名其妙的事情。医院为了避免他们有过激的行为，就安排病人们去挑拣米粮中的沙石、稗子。说也奇怪，这一招真有奇效，而且，慢慢地，那些人甚至喜欢上了这单调的劳作。

“太阳照亮了玻璃上，玻璃上糊的防空纸条经过风吹雨打，已经撕去了一大半子，斑驳的白迹子像巫魔的小纸人，尤其在晚上，深蓝的玻璃上现出奇形怪状的小白魍魉的剪影。”

白天怎么说还是有些活计要忙碌的，张爱玲更愿意值夜班，毕竟夜间清静许多。就算是病人大小便，也不必自己去应付，只需叫一声外面的杂役工，他们自然会去处理。

张爱玲坐在屏风后面看书，这对她倒也是一种成全。夜里值班时

间较长，大约十个小时，深夜里，总是会有人特意送来牛奶、面包做消夜。张爱玲一边吃，一边翻着书页，也就忘了环境的恶劣，似乎一切都美好起来。

遗憾总是有的，偶尔会有病人死亡，还好，上天是慈悲的，那种事大多发生在夜里，夜色掩盖了死者扭曲的痛苦，也掩盖了生者霜冷的悲伤。

生有艰难，死有狰狞，痛苦原本是无处不在的，而最痛苦的，是那半死不活的苟延残喘。

有个尻骨蚀烂的病人，张爱玲记得最深刻。因为每当黄昏过后，他就开始拖腔拖调地呼唤着："姑娘啊！姑娘啊！"那种有些戏剧味道的律感，颤悠悠地穿过一个又一个夜晚。夜幕落下，舞台升起，他任性地演着哀鸣的折子戏。那忽高忽低的声音，像一座老旧的钟在自鸣，扰烦着人们的睡意。半夜的时候，病人们一个接一个地醒来，忽然就一起大叫起来："姑娘，姑娘！"不知是对那个病人的不满，还是对值夜者的不满。

此起彼伏的喝叫，惊扰了整个医院，张爱玲也不能安静地看书了。她只好去问那病人想要些什么，或者是想要怎么样。那人没完没了地叫唤，不过是心里烦躁无助的一种呻吟，所以他想了一会，才说了句，"要水"。

夜里的厨房是没有开水的，他其实也知道，他不过是为了引起人们的注意，要的是一声安慰，或者是互动，让他感觉活着的一丝丝气息。

张爱玲也懂得，可她和大家一样，已经习惯了、麻木了，也只是冷冷地回那病人一句，默默转身又去了屏风后面。那里，有她的书。她，也曾恨自己，说自己是一个没有良心的看护。

那病人轻轻叹息一声，似乎被一口浓痰噎着了，没有了动静。然而，这也只是短短的安静。很快，他又叫了起来，病痛让他已经没了多少力气，他只是弱弱地哼唧着："姑娘啊……姑娘啊……哎，姑娘啊……"

历经炮火下赤裸裸的死亡，人们的情感系统也遭受了空前的破坏，都是焦枯了的，甚至是坏死的。硝烟里，实在也不需要诗人。

凌晨三点，同伴们倚了屏风还在打着瞌睡，张爱玲已经醒来。她阴沉着脸去厨房烧牛奶。病人们都醒了，眼睛紧盯着那牛奶瓶，在他们眼里，牛奶瓶比那卷心的百合花美丽多了。战争中哪有什么风景？所有的颜色都是黯淡的，唯有吃喝是亮色的。

厨房里的黄铜锅，不光满是油垢，还散着异样的邪味，因为有些人用它煨汤，有些人却用它洗脸。张爱玲用肥皂反复地刷洗，一遍又一遍，依然是不干净。那水实在太凉了——手上是刀割一样地疼，这

疼，确似驱散了张爱玲的麻木。

张爱玲把那乳白的牛奶倒进锅里。煤气火苗燃起的那一刻，铜锅就似一尊佛端坐在青莲上，肃穆而壮丽。那世界，真的需要佛的拯救。张爱玲感觉到了庄严和祥和，心中刹那清澈起来。

然而，那个病人“姑娘啊！姑娘啊！”的叫喊声又渗进了厨房，那凄切的音调再次搅乱了她心底的纯粹，像那沸腾的奶一样，她的心又慌乱而烦躁起来。

厨房里只点着一支蜡烛，白色的蜡烛上光焰就那么有气无力地闪着，将一些物件的影子大大地映在墙上，生出一种让人无路可逃的压迫感。

那个病人的叫声不知什么时候停了。他，就这样死了。一屋子的病人和看护，没有一点的异样，似乎他的死是那么理所应当。没有谁多看他一眼，更没有谁为他祈祷。张爱玲和她的伙伴们，默默地喝着自己的牛奶，就像那天在紫青的尸体旁吃着小黄饼一样。

那病人死了，大家似乎是开心的。张爱玲和自己的同伴缩在房间里，有人用椰子油烤了一炉面包，大家都说那味道像中国酒酿的饼子。虽然没有人再说什么，但打击好像都在庆祝一个胜利。

那呻吟声没有了，那令人烦躁的夜晚也没有了。祥和的黎明来了，尽管那也是很凄寒的一个黎明。张爱玲说：“只有我们这些自私的人若无其事的人活下去了。”

那是些没有色彩的日子，好在张爱玲正年轻，心底的颜色还是丰富的，空闲的时候她就用画笔来涂抹那些无聊。

那时候她对色彩的把控出奇地好，画出的画好得都让自己惊讶，她甚至时常感叹——怕是今后再也不可能画出那样的画来了。只是，那画中各色人物是怎样的意思表达，有些不好理解。但她自己非常清楚，那些看似零乱的人物，是那个特定时期最真实的刻画。那些琐碎的人物，的确就是那特定环境里最生动真实的群雕。

“譬如说，那暴躁的二房东太太，斗鸡眼突出像两只自来水龙头；那少奶奶，整个的头与颈便是理发店的电气吹风管；像狮子又像狗的，蹲踞着的有传染病的妓女，衣裳底下露出红丝袜的尽头与吊袜带。”

好友炎樱自然也画画，那别具一格的蓝和绿的交汇，让张爱玲特别喜欢，总让她陡然忆起“沧海月明珠有泪，蓝田日暖玉生烟”的诗句。

张爱玲一生孤傲尖刻，对于炎樱珠圆玉润的画技，却十分欣赏。无论是在当时的香港，还是后来的上海，她都多有夸赞，而且用词都是相当亮眼。似乎，是真心地佩服。

第四章

出名要趁早

第一炉香

壹

短短一年时间，张爱玲就红透了上海滩。

“只差半年就要毕业了呀！”

张爱玲是这样恼怒。战争，毁了她的毕业证，更毁了她出国的梦想。

1942年夏天，张爱玲踏上轮船的甲板，她没有回头，眼里只有海。海，是广阔的，可她只有回上海这一条航线。

既然要离开，所有的留恋都是不必要的悲伤。

有人说这太冷漠，那是不是还可以解释为理智呢？

繁华的上海，曾经的老宅，离去时那么干脆。动乱的香港，未竟的学业，离开时，也没犹豫。张爱玲就是这样的人。

可就这样离开香港，并不是她愿景中的样子。她的梦想是从香港驶向远方，驶向自由。她的心似船头劈斩开的浪花，是翻滚的，是激荡的。

当轮船轻靠上海码头的时候，那许多的不快就似船的颠簸一样静止了，张爱玲的心也安稳了。

好吧，毕竟是上海人。

香港，给了她三年的自由成长，但那里的天地是疏离的，连空气也是疏离的。可上海，那街衢，那层楼，那人众，让她一靠近就是完全地融入，尽管她常常莫名地迷失方向，尽管她的衣着和行事常常别具一格，但，这只是外在的表现，骨子里，她属于这座城。

张子静见到姐姐的时候，最初两人是激动的，慢慢地，张子静却看到了张爱玲心中的纠结。

母亲又出国了，她的男友在1941年新加坡的战火中死了，她已经自顾不暇。

姑姑的经济状况也江河日下。

学费，是张爱玲不好开口的尴尬。再有半年就可以拿到毕业证

书，这样的心事，的确难了。

受战事的影响，张茂渊换了几次工作，薪水却是越来越差。张爱玲回来的时候，她只是一家戏院的翻译，经济上维持两个人的日常生活就有些捉襟见肘了，如果再供张爱玲读书，实在有些难为。

张爱玲叹息道："姑姑没有钱。"

张茂渊出不起，但她觉得有人应该出：张廷重本应承担张爱玲在香港的一切费用，这些年，他却没有承担丝毫，最后半年的学费，若再不肯出，实在说不通。

张子静相貌是很清秀的，但不是那么聪颖，再加上口舌有些笨拙，里里外外总是有些弱势。既得不到父亲和后母的喜欢，又不像姐姐那样深得姑姑的喜爱，所以张爱玲就成了他最想贴心的亲人。那时，因为上海沦陷，张子静所在的复旦大学迁往内地，他正拿着转学证，准备报考圣约翰大学，于是他一再鼓动姐姐也入圣约翰大学完成学业。

大学费用的事，张子静说愿意帮姐姐在父亲面前尽力说通。他有一种期许，如果能和姐姐在同一个校园里出入，那该多美好啊。他，渴望这份美好。几年的音信隔绝后，终于回到眼前，让张子静忽然觉得这个姐姐也许是他最贴身的亲情，毕竟是一母同胞，毕竟只差了一岁。

张子静回到家中，趁后母不在的时候，将姐姐想要转到圣约翰大家完成学业的事，悄悄告诉了父亲。张廷重对于张爱玲的出逃，似乎还有些耿耿于怀，脸色凝重，但又说不出可以拒绝的理由，最后重重地吐了一口气：“你让她来吧。”

如果顺利完成学业，张爱玲也许还有出国的机会，毕竟在香港大学，她是少数几个被列入公派留学名单中的学生。只是，这都不属于她了。

“至少拿张毕业文凭”，傲气的张爱玲，为了这 种心愿，终丁走进了父亲的家。这时候，那个家已经不是当年的那片豪宅，小洋房的门更不是那宽大的门，但“哐啷”的响声，还是让她想起了那个惊慌的夜。她的心悠地往下沉了，整理了好多天的情绪，有些乱，有些凉。

那门，比四年多前的那个大门斑驳了许多，那房子也狭窄了许多。张爱玲毫无表情地坐在父亲面前，将转学圣约翰大学的事三言两语说完，就低头看着自己的脚尖，再没有了言语。她不想看屋里的一切，尽管后母已经躲到了楼上。这里的一切，几乎和她都没有关系，那些只属于她的旧物早已不知所踪。父亲和弟弟也算是旧物，但父亲是属于后母的，至于弟弟属于谁，张爱玲实在管不了那么多。她不知的是，张子静认为姐姐是他的，特别是那时刻。

或许，那并不宽大的空间让张廷重没有了盛气凌人的气势；或

许，看着长大的女儿他也有了反思，他就没有丝毫的犹豫就答应张爱玲让她先去报考："学费我再叫你弟弟送去。"

张爱玲起身走了。

进出那个门，也就十分钟的样子。短短的相见，更像是一个告别。

张子静后来回忆说："那是姐姐最后一次走进家门，也是最后一次离开。此后她和我父亲就再也没有见过面。"

如果张廷重和张爱玲知道这是永远的别离，不知谁的心中会生出一些悲情，或者说，谁比谁的悲情更多些呢？多年的生离，战争的震撼，都没能让他们释怀，实在是一种遗憾。

张爱玲的转学考试，还是遇到了一点小小的波折，她的国文分数竟然没达及格线。她的国文老师听说后，曾经非常气愤，认为这简直就是一个笑话。张爱玲也是当一个笑话看的。然而，在香港的三年多，学习和日常生活她都用英文，为了彻底掌握好这门语言好去留学，她连给姑姑写信也用英文，国文难免生疏。那篇参加《西风》杂志大赛的《我的天才梦》，是她在香港仅有的一次中文写作。很多年之后，还为此有所牵挂，这似乎也是一个重要的原因。

1942年的秋天，张爱玲如愿转入了圣约翰大学文学系，弟弟张子静也考入了该校经济系。然而，仅仅两个月，张爱玲便辍学了。

圣约翰大学开设的学科实在没有她所欢喜的，她很失望：

“与其浪费时间到学校上课，还不如到图书馆借几本好书回家自己读。”

张子静也是失望的，他失望再不可能和姐姐时时相见，校园，又成了他独自的校园。

后来，他还是理解了姐姐——因为姐姐的到来，姑姑的生活压力太大，姐姐其实是不愿意拖累姑姑。

钱，又是钱。

说起来，张爱玲一生毫不掩饰对金钱的渴望，都是因为金钱曾让张爱玲一次一次如此地难堪。

张子静劝姐姐去当个老师，工作稳定，还可以应付日常的开销。张爱玲只是摇摇头。

那个时候，对张爱玲来说，养活自己的确还是个难题。不过，最后她还是乐观地安慰了一下弟弟：“我替报馆写稿就好。这一阵子我写稿也赚了些稿费。”

她延续了在香港养成的惯性，依然以英文写作。因为在《泰晤

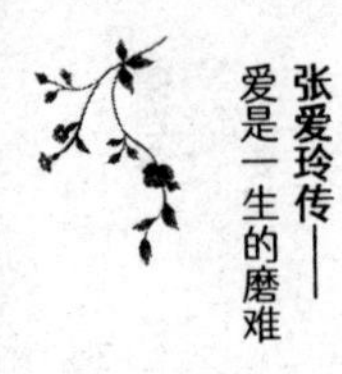

士报》上发表了几篇惊艳的影评，吸引了《二十世纪》的主编克劳斯·梅涅特亲自约稿。

1943年1月，张爱玲在《二十世纪》月刊发表了一篇惊世之作，一炮走红。这篇文章长达八页，还配了十二幅张爱玲亲自绘就关于发型、服装的画作。这篇文章就是后来在《古今》半月刊上改写成中文的《更衣记》。

正如张爱玲所说，她毕竟是上海人，终究还是要归于上海的街衢。

那天，一向怕见陌生人的她，怀揣着自己的《沉香屑·第一炉香》手稿，拜见了从未见过面的周瘦鹃。

初见，就相谈甚欢地“长谈了一点多钟”。

再见，是一个星期后。周瘦鹃告诉张爱玲，《沉香屑》他是深深喜欢的，当即决定在《紫罗兰》复刊的第一期隆重推出。

周瘦鹃，这个后来以园艺为好的作家，从此精心地修剪着张爱玲这棵紫罗兰，继五月在《紫罗兰》刊出了《沉香屑·第一炉香》后，紧接着六月又推出了《沉香屑·第二炉香》。

张爱玲在《沉香屑·第一炉香》的开篇是这样写的：

“请您寻出家传的霉绿斑斓的铜香炉，点上一炉沉香屑，听我说一支战前香港的故事。您一炉沉香点完了，我的故事也该完了。”

张爱玲沉香一样的故事，就这样开始了。

一时间，张爱玲华美的文风惊艳了上海滩。

这件事直惹得《万象》杂志的主编柯灵感叹："张爱玲是谁？我怎么能够找到她请她写稿呢？"

七月，张爱玲竟然来了，还带来了她的小说《心经》。柯灵终于如愿见到了张爱玲。那天，他喜出望外。

从此，张爱玲一发不可收拾了，《杂志》《万象》《天地》等刊物，连绵不断地推出了她的小说《茉莉香片》《心经》《倾城之恋》《金锁记》，以及散文《到底是上海人》《洋人看京戏及其他》《公寓生活记趣》等等。

短短一年时间，张爱玲就红透了上海滩。

上海是喧嚣的，不远的南京却显得寂静。

那个冬日，南京石婆巷20号，一个叫胡兰成的男子，坐在懒散的光阴里，随手翻弄着一些书报。那本《天地》杂志因为是朋友苏青寄来的，他便认真了一些。他看到一篇小说《封锁》，那精致的文字，那尖利的思维，一下子就吸引了他。他细细地看了一遍，又细细地看了一遍。每一遍读，都会有新的体验。那是决不可以走马观花样地阅读的文章。

胡兰成抚摸着那些文字，感觉如同抚摸着金丝绣线的旗袍，定定地遥想着上海——那里，怎地就忽然出了张爱玲呢?

名字是有些乡俗的，文字却是如此地金枝玉叶。那是什么样的衣衫包裹着的女子，能在光怪陆离的上海卓尔不群，在纷乱的世界里独树一帜？想着想着，他的目光就锐利起来，似要穿过那遥遥的距离。

再后来，胡兰成又收到了新的杂志，他有些迫不及待地打开那本《天地》月刊。苏青似乎懂胡兰成的心事，那本《天地》月刊上，不仅有张爱玲的散文《公寓生活记趣》，更是配有她的一张照片。

正是那意料之中，又是意料之外的模样，清冷如瓷的气质，一下子就直击胡兰成的情怀了。他的内心，“哗啦啦”凌乱了。

胡兰成 贰

胡兰成，这个叫蕊生的浙江男人，一生与多个女人纠缠不清。

香港的学业断了，出国的梦想也断了。张爱玲回到上海，好似飞了一程，又落到了起点，回到了原地。

虽然不善言辞，但张爱玲一直是一个心有锦绣的天才。

面对上海那灰冷的天空，张爱玲用自己的才华信手一挥，就画出了彩虹。

二十三岁的她，瘦瘦高高，身着精致的旗袍，如一袭轻风，漫卷了那喧闹的长街。

张爱玲的回归，本是无奈的选择。然而，在她轻松地挥洒之下，这回归又是不偏不倚的正好，恰逢其时的精准。

正如柯灵所说："偌大的文坛，哪个阶段都安放不下一个张爱玲；上海沦陷，才给了她机会。日本侵略者和汪精卫政权把新文学传统一刀切断了，只要不反对他们，有点文学艺术粉饰太平，求之不得，给他们什么，当然是毫不计较。天高皇帝远，这就给张爱玲提供了大显身手的舞台。张爱玲的文学生涯、辉煌鼎盛时期只有两年（1943—1945），是命中注定，千载一时……"

张爱玲的衣衫是惊艳的，她的文字也是惊艳的，让上海人驻足惊叹，也给她带来了惊艳的爱情。不，对于她来说，也许是爱情，而对于那个男人，那只是一种喜欢，一种男人对女人的喜欢。

那个男人，就是胡兰成。

胡兰成，这个叫蕊生的浙江男人，一生与多个女人纠缠不清。一个"蕊"字，果然花心。

有人说，胡兰成是火，使那些靠近的女子都会感觉到融化的暖意，让她们一个个飞蛾般地焚身自毁。而他，是无情的，因为他就是那无情的业火。

1925年，胡兰成十九岁，依父母之命娶了大自己一岁的唐玉凤。他后来说："这一切，于我都是这样的生疏。及至坐床，老嫚给新娘摘下花冠，叫我揭去新娘的盖头帕，一见是穿半旧青布老太婆衣，脸上脂粉不施，我心一惊，简直不喜，且连这不喜亦完全是一种新的感情，对自己都非常生疏的。”

婚后，胡兰成就没好好在家待着，南南北北地周折，四处碰壁。

1928年落魄杭州，寄居于同窗斯颂德家中。说来，斯家待他不薄，不仅招待他吃住，更是多次赠予钱财，为他谋划出路。然而他却不知感恩，认为这是理所应当的；更令人大跌眼镜的是他竟然与斯家的女儿牵扯不清。胡兰成是有家室的，斯家自是不容他这样来污了门楣和女儿的名节，将他赶上了大街。半年，仅仅是半年后。胡兰成竟然不知羞地又叩响了斯家的门环，祈求借住。他是惦记桌上免费的美食，还是惦记斯家的女儿？不用人说。斯颂德的母亲实在是慈悲，竟然不提前事的龌龊，再次收留了他。

发妻唐玉凤，似乎是他唯一生了厌恶的。胡兰成曾对唐玉凤说，和她结婚，从来没有称心过。他远游他乡，极少回家，里里外外自然少不了闲话。

斯家把女儿嫁出去后，胡兰成才终于离开了斯家，后辗转去了湘湖师范当老师。唐玉凤风尘仆仆去湘湖师范看他，他“毫不惊喜，竟然是吃了一惊”，第二天就悄悄送玉凤去了车站。一个女子，远山远水地看望自己的丈夫，只匆匆一面就被赶走，个中的缘由不说也都明白。不爱就不爱吧，胡兰成还做作地说：“这就是因为是自己人。”

就是这样一个纯朴的乡村女子，二十八岁就郁闷成疾，早早亡

故。彼时，胡兰成正游荡他乡。其间更是恋爱过一个于家的四小姐。胡兰成在《今生今世》里对这段感情这样写道：“但我笨手笨脚，老实过度，当然不能成功。”这样的话语，竟然穿插在悼念的文字当中，看似是忏悔式的坦白，却是实实在在说出的是一种自己的遗憾。

胡兰成再忆起自己的亡妻时，却一把鼻涕一把泪，写得很有些情深意长，让许多人都半信半疑他不曾负了这份初情。想那一个临死还念叨伤她心的那句话的女子，竟然被他说成是谅解和圆满，实在让人见识了他男女之间的油嘴滑舌。

相遇斯家女儿、于家小姐时，初入都市的胡兰成，的确还没有历练成情场老手，这样的错过，让他心生唏嘘，也深觉后悔，后来，在情感上愈来愈放肆大胆起来。

1932年，胡兰成辗转至广西，于广西省一中任文史教员。不久，就因强吻同事李文源被解职。事后，他竟然说那女子愿意跟随他。如此诡辩，倒似学校扼杀了他的真情似的。

转年，胡兰成辗转至百色五中教学，娶了全慧文为妻。他说：“那年二十八岁，不要恋爱，不要英雄美人。唯老婆不论好歹总得有一个，如此就娶了全慧文，是同事介绍的，一见面就为定，与世人一式一样的日子。”这短短的文字里，写着不满。可当时却不是这个样子，他是满心欢喜的。女子于他，不是生疏的，就是新鲜的。

此后多年，胡兰成几经周折终于搭上了汪精卫，官运亨通。

1943年，胡兰成坐在藤椅上看那《天地》月刊的时候，《封锁》的文字是让他感到了新鲜，更让他感到新鲜的是张爱玲这女子的名字。当他再次看到张爱玲的文字和照片时，他那所谓的“一回回傻里傻气的高兴”里，该是有了几分对新鲜的贪婪，他说的“斗一斗”，该是斗一斗情了。这样有才情有家世的女子，值得他大展身手。他几次去信上海，向苏青探听张爱玲，已是满有欲望了。只是一次大的意外，让他的心愿夭折了——因为惹怒了汪精卫。胡兰成被关进了监狱。

人，命里的许多劫，看似是莫名其妙的，却似乎是苍天注定的。

张爱玲也只是从苏青那里知道些胡兰成钦佩她文字的言辞，表面上还当笑话来听，谁知心里却生了牵挂。胡兰成入狱之后，她竟然积极奔走，着力解救。的确，张爱玲对于日常实在就是“一个白痴”，竟然求情求到胡兰成的对头周佛海的门下去，自然是起不了什么作用。

牢狱之中，胡兰成的心依然是花事缤纷，若是清简了，似乎就辜负了蕊生的本名。在那铁窗依稀的阳光或月色里，胡兰成对自己的安危并不在意，念念不忘的，还是那个他想“斗一斗”的上海女子。

1944年1月24日，被释放出狱的胡兰成，稍稍喘了一口气，抻了抻自己的衣衫，就匆匆地赶往了上海。那城，有太多的女子，有喜欢他的，也有他喜欢的，最重要的是，那个以《封锁》让他情怀泛滥的女

子，也在那里。

火车刚刚停稳，那浓浓的蒸汽还在迷蒙，胡兰成就急匆匆地踏上了站台。他的思路是严谨的，尤其在与女人交往方面。上海的街巷是繁杂的，他总不能在那万千的纵横里，敲响一个又一个门楣。他懂，这城，只有苏青是通向张爱玲家门的最佳向导。

对于胡兰城的来访，苏青是欣喜的，甚至有些兴奋。她和他，也是有许多若隐若现的色彩的。张爱玲在她的《小团圆》中，以苏青为原型写过一个女子，描述了苏青和胡兰成的床笫之欢。文字是一贯的尖锐，此间更显示了嘲弄的刻薄，借文中男主角的语气，来戏问苏青是否有性病，也暗讽了她的滥情。从而，也显示了张爱玲对于苏青的怨，甚至是恨。

一个女人和一个男人有了自愿的床闱之欢，总是难以忘怀的。所以，苏青喜欢胡兰成的到来，应该是表示一种情感的自在和亲密，就特意去街上请他吃了家常的蛋炒饭，让他狱难之后有一个归属感。饭后，更是请他到了住处。两人的谈话是很有情趣的，至少在苏青这里是这个样子。

胡兰成匆匆的造访，不过是借个道而已，此时是无心于苏青的。俩人有一搭无一搭地闲聊着，胡兰成终于掩饰不住内心的渴望，忽然就直接问起张爱玲的住处来了。这唐突的问讯，让苏青那热气腾腾的恋念，一下子凉了。苏青冷冷地说：“张爱玲是不见人的。”胡兰成急切间也顾不了苏青的感觉了，依然是急三火四地追问。苏青又是一阵迟疑。

胡兰成忆起这点的时候，特别说到了苏青写下张爱玲地址的迟疑，这里不仅仅是表明一个女子的态度，更多的是透露苏青对他的依恋和不舍，而又无奈的深意。胡兰成回忆他一路与女人的纠葛，多是这样得意扬扬的笔调。

此时的苏青是失望的，正如她后来在自传小说《续结婚十年》中写道：

“我闭了眼睛，幻想着美丽的梦。美丽的梦是一刹那的，才开始，便告结束。天花板徐徐往上升，房间显得荒凉起来了，燠热的空气似乎发散开去，不久便使人心冷。”

胡兰成与她，真的是一刹那的美丽梦，他就在她的心冷时，转身向更年轻的张爱玲走去。

第二天一早，胡兰成迫不及待地跑向静安寺路赫德路口192号公寓6楼65室，按了门铃。他的铃声节奏是文雅的，还带着素然的淡定——尽管是伪装出来的。那门，果然是封锁着的，没有为他打开。对于女人，胡兰成从来不会轻易放手，他很郑重地将自己的名字和电话号码写在一张纸条上，塞进了门缝。

隔了一日，仅仅隔了一日，张爱玲的电话来了，说是要拜访。

这一日，是别样地长，也是别样地短。

这一日，张爱玲捧了那纸条是怎么样思量的？胡兰成又是如何琢磨的？外人不得而知。

胡兰成放下电话不久，门就被敲响了，那轻柔的、文艺的敲击，似一种不安的心跳，自是一个女子的。

从前，胡兰成和张爱玲，也是有相遇的，那不过是在苏青的言谈里，不过是在张爱玲的文字里。那相遇是遥远的，是虚空的。而此时，就在胡兰成张目的惊讶里，就在张爱玲低眉的慌张里，他们，真实地相遇了。

叁 因为懂得，所以慈悲

那年，张爱玲二十四岁，胡兰成三十八岁，十几岁的年龄落差，倒正是符合了张爱玲的心理预设。

素日里，张爱玲的确是不见人的，她的心是封锁的。然而，紧闭的门后这颗心，未必不是沸腾的，正如她在《小团圆》中这样透露自己的心声：

“二十二岁了，写爱情故事，但是从来没有恋爱过，给人知道不好。”

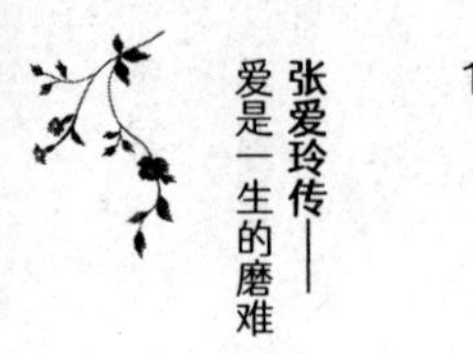

她的矜持，是一个岁在青春的女子的虚张声势。她是渴望的，甚至偷偷独自看过两本男欢女爱的小野书。

如此年华的男女，哪个不是心事狼藉？女子，谁不希望绽放？

她，一直期待一个机会，一个让她心情繁荣的良机。

张爱玲看着纸条上“胡兰成”这三个字，愣怔了许久。他，来了。真的吗，是真的吗？

胡兰成这名字，她是听说过的，那是汪伪政府里响叮当的名字，甚至在上海喧嚣的街头也时常有人提起这样一个人物，在苏青那里更听说过他对她文字的喜欢。

那个男人的脚步声，竟然曾停在门外。她有些激动，分明像听到了钥匙在锁孔里的转动，那样一种情感的幻听。她不知道该如何打开自己门后的这道门闩。一天的胡思乱想，多是琢磨这字条和名字的真伪，偶尔也想到了男人和女人的情怀，但她很快又嘲讽起自己的不知耻羞。那天原本构思好的文字，也乱了。

所有的猜测，也只能是猜测，张爱玲将那串号码数了又数，终于在电话拨盘上拨下这串阿拉伯数字。

电话那端传来的声音，甚至是她自己的声音，都把她吓了一跳。她心中忽然有了一种莫名的慌乱和兴奋。她决定打开自己的门，然后再打开那一扇门，去打探那个名字的虚实。

胡兰成的住处，在大西路美丽园。这样名字的寓所，倒是于他的心性万分地贴切，想这一园的风流，怕也都是他的了。再让舞文弄墨的他一说出口，对诸多女子的确是生动的诱惑。想来，这是他用心的选择。

胡兰成居所的客厅其实挺宽敞的，然而张爱玲的到来却让胡兰成觉得那里很逼仄，高也低了，宽也窄了。胡兰成也感觉到了这种逼仄的压力。

初识的那一眼，胡兰成是有些失望的，张爱玲并没有他想象里的那种华美与高贵，形神显得幼稚而忐忑，衣服似是哪里不妥当，举止像极了一个小学生，着实不似一个名动文坛的大作家。

当张爱玲坐在沙发里的时候，胡兰成虽然是习惯于风花雪月的老手，善于掩饰内外，平衡表里，可刹那间心底还是起了波澜："张爱玲顶天立地，世界都要起大震动，是我的客厅今天变得不合适了。"

不相宜的，不是这女子。不相宜的，却原来是他自己房舍里的一切，所有的陈设，甚至包括他自己，都不能匹配了这女子的气质。

在女子面前，胡兰成第一次感觉到了一种自卑。

张爱玲展现的魅力，是骨子里的，是噬咬灵魂的，完全颠覆了胡兰成从前对美的认识，擅长辞令的他，竟然就乱了表达。

胡兰成在世事的激流里，在情感的风雨里，算是游刃有余了，此时却把握不住调门，用尽浑身的解数，想来展示自己绝非俗流的才情，可每一句出口，却又是那样不合时宜，下一句想补这一句的漏

洞，却是又撬开了另一个破绽，弄得他手忙脚乱，甚至还问起了一些很失礼貌的话题，以致自己窘到额头闪出了许多汗珠。

好在，张爱玲实在不善于言谈，对于能说会道的人，总是心生仰望。胡兰成那有些语无伦次的话，她未必入了心。她只是天真地笑着听，一脸无邪。

一个坐了高的椅，张牙舞爪地卖力演讲着；一个倚了低的沙发，安安静静地聆听着。如此，他们在客厅里竟然待了五个小时，直到灰暗浸透了窗的帘布。

说的，有些慌张；听的，却显稳重。这，并不是一个成功的初见。暮色里，胡兰成送张爱玲，两人并肩走着，他忽然说了一句：“你的身材这样高，这怎么可以？”

语调里，立时就透露出了他骨子里的浮浪。

胡兰成觉得这个下午自己的表演很有些失败，忽然就莫名其妙地补了这么一句，想要拉近一些两人的关系。这样暧昧又临近于挑逗的话，却又惹了张爱玲的惊讶和反感。

这是两个人都没做好准备的相见，更显没有准备好的，是胡兰成，每一个举止都有些拙劣。

的确，那个才华富贵加身的女子，原本不曾想到会如此轻易坐在了对面，一切，都让他手忙脚乱了。

胡兰成想挽回自己的形象，第二天就急急忙忙地回访了张爱玲。然而，他谋划了一夜的思路，在走进张爱玲的房间的时候，又一下子乱了套。胡兰成什么样的场面没经历过，可这里的华贵之气是透骨的，一下子刺穿了他所有的见识。

昨天的张爱玲，给胡兰成的是一种惊讶，而今天的张爱玲，给他的却是一种惊艳。

张爱玲“穿宝蓝绸袄裤，带了嫩黄边框的眼镜”，与屋内外的华贵之气相得益彰。让胡兰成忽然就想到了三国时，刘备走进孙夫人的房间就心生胆怯。“张爱玲的房间里亦像这样的有兵气。”

胡兰成是不甘心的，他在女人面前从来都是翻手为云，覆手为雨，怎肯如此就落了下风。他搜肠刮肚地动用自己的一切学识，说些时势风云，说些文学理论，说些自我生平，说些南南北北，说些古古今今。

为了显示自己的不同凡俗，胡兰成动用了身心的各种技能，纵然使出浑身解数，却似一个不懂套路的人拿了刀枪，东劈西撩，更显拙手笨脚。

胡兰成说得天花乱坠，只是张爱玲偶然轻轻地应一句，便让他的言谈黯然失色了，落叶一样零零乱乱，一地的狼狈。胡兰成要斗一斗的心气，已经没有了。他被深深地震惊了，为此，多年之后他还感叹道：“但我使尽武器，还不及她的只是素手。”

在女人面前，胡兰成是傲然的，总能于不动声色之间将一切尽在掌握，可在张爱玲面前，一切都失效了。张爱玲的才情，张爱玲的家世，虽不露声色，却是峰峦叠嶂般深不可测，使他不得不无奈地放下了身姿，放下虚伪。

胡兰成在形形色色女人身边走过，这是他第一次，也是唯一一次，收敛起了自认为可以傲入云端的翅膀。

在一个二十三岁，很显稚嫩的女子面前，他一切都显得那样单薄，不堪一击。他自以为是的玲珑剔透，不过是一个工艺拙劣的玻璃器具。而对面的女子，却似那元青花瓷，那不声不响的璀璨，震惊着人心。

素色明釉，就是云天；轻纹简画，即是巅峰。

张爱玲，正是青花。别看她着奇装，写锦绣，可她骨子里是那绝非凡胎的高冷瓷。

原本，胡兰成没有一点胜算，他再也不敢猖獗。恰恰正是这种舍去高高在上的云端气，卸掉了架子的胡兰成反倒入了张爱玲的心。张爱玲最讨厌的就是那自以为是的傲气。她曾经服气了谁呢?

不管怎么说，胡兰成毕竟是一个人物，他越是放低姿态，越是亲和，话语，就渐渐地投机了，更生了倾心长谈的情分。其实，深居简出的张爱玲，正是缺少这样一个机会，缺少这样一个人。童年的不得舒展，少女时代的束手束脚，香港是自由了些，有炎樱可以诉说，可她毕竟是一个女子。回到上海，朝夕相处的，只有姑姑。有很多话，女子是需要一个男人来听的，需要一个男人来说的。二十多年的压抑，张爱玲需要一个倾听和诉说，需要一个解心的人。

此时的张爱玲，就是那感情丰满了的蓓蕾，绽放，只等一缕阳光的温暖。胡兰成来得恰逢其时。

张爱玲曾经说，一个女子，应该找一个大十岁的男人。那年，张爱玲二十四岁，胡兰成三十八岁，十几岁的年龄落差，倒正是符合了张爱玲的心理预设。他，就是臆想中的那个他。

张爱玲的过往，是月亮一样的轻冷，如她的家境和时势。她以为相遇的胡兰成，就是那个太阳，他滔滔不绝地说道，就是一地阳光。

张爱玲，呈现出来一种天真的贪婪，不辨虚实，不分深浅，享受着男人的味道。

的确，张爱玲认知的男人有几个呢？毕竟是屈指可数的。无可太多的比较，便是最好，更何况胡兰成又是风月中的老辣之徒。

再别之后，胡兰成认为自己的倾诉还欠缺才情，便用尽手段写了一封信，自以为满纸锦绣，也就心生欢喜地寄了出去。待那信投进邮箱，自己冷静下来，才觉得那信诗不成诗、文不成文的，好不拙劣，满心愧悔。

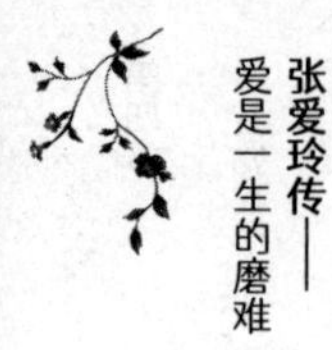

不想，忐忑不安的胡兰成，收到了张爱玲的回言：

因为懂得，所以慈悲。

也许，在张爱玲以为，那些情感面前的慌张，甚至一些丑陋，都是可以原谅的，都是可以包容的。

慢慢地，有了相互倾诉；慢慢地，有了相互安慰。

她说着家常里的曲曲折折，他说着世事里的起起落落。

不过，一个是和盘托出，说着女孩的悲喜痴癫；一个是遮遮掩掩，绕过诸多女人的缠缠绵绵。

一个爱的纯粹，一个情出心机。

爱情故事

这场由胡兰成导演的爱情，却由张爱玲拉开了帷幕。

张爱玲曾经说过，出名要趁早。

事业上，张爱玲一出道即成名，的确是一个传奇。

爱情里，张爱玲却迟迟没有开花结果。在那个年代，她的爱情确实有些姗姗来迟。

渴望，一直是张爱玲心底的一股暗流。

和胡兰成相遇，张爱玲看似不徐不急，稳如古玉，但那种新鲜的刺激，其实已经让她心生迷恋，而渐渐沉溺了。

胡兰成，在爱情的大河上，早已历尽千帆，驾轻就熟，自是懂得

进退有度。每隔三两日，他就去叩响张爱玲的门，为这份情感推波助澜。

一而再，再而三，胡兰成更加明白，张爱玲那高贵的门楣是虚掩的，是一种期待的虚掩，对他，已经彻底地解除了封锁。这，让他忽然又想起看到张爱玲那篇小说《封锁》时的激动——当时觉得和这写作的女子是隔了许多的阻隔的。却原来，封锁并不是想象的那么严密。

胡兰成从最初的那种自卑、拘谨里，慢慢放开来。那天，他故意说起那张刊登在《天地》杂志上的照片，来试探一下张爱玲心情的深浅。不想，这看似轻描淡写的一说，在张爱玲那里得到了积极的回应。第二天，张爱玲就主动将那张照片送给了胡兰成，并且在背面还写下了她一生最惊艳的情话：

“见了他，她变得很低很低，低到尘埃里，但她心里是欢喜的，从尘埃里开出花来。”

于是，这场由胡兰成导演的爱情，却由张爱玲拉开了帷幕。

张爱玲，也将胡兰成从客厅，请到了闺房。或许，更有可能是胡兰成悄悄地摸着那房门的把手，以问询的目光望着张爱玲的吧。应该是经过默许了的。他明白，在张爱玲这里，是不可造次的，不能冒进，不能急躁。

客厅，窗明几净，待客的礼仪之所，就算是知音把茶问日月，毕竟还是有许多客套的地方。

闺房，有太多女子的暗香，还有许多羞怯一些的零乱，若是许了男子相坐，似乎是可以相望说风月的所在了。至少，已经是悄悄地喜欢。

有人说，张爱玲冷静、睿智，这应该是对她宏观的评价；此时，对相遇了爱情的张爱玲，却失准了。

无论在当时，还是在今天，人们对于她和胡兰成的情感纠葛，还是失望更多一些。

姑姑张茂渊，对这段感情，就感觉很是不妥当。她觉得胡兰成太过于尘埃迷漫，而张爱玲是如此地清澈纯净，他们搅绕在一起，是一万个使不得的。

然而，张爱玲的清澈并不是任人左右的，她有自己独立的流向，越阻拦，越澎湃；越规劝，越叛逆。就像她当年被父亲困在偏僻阴冷的房间里，保姆劝她不要离开，可她依然很坚定地选择了在一个黑夜里，解开了大门上的链锁。此时，她更不会听进姑姑的劝告，依然我行我素。她觉得，当年的出走是正确的，今天她的选择也是正确的，也是一样地向光而行。

执拗，让她放弃了一切，扑地成草，成花。

在她，胡兰成却成了一棵值得仰望的树。

张爱玲在后来回忆说：“因为我也被囚禁过，所以深知其味。”

她，曾被父亲关进斗室。

他，曾被投入铁窗。

似乎最初同病相怜的味道，让她对胡兰成慢慢有了贴身的欢喜。

两个有云泥之别的男女，如此共话西窗，实在太出乎意料。

其实，我们也不必评说，也无须评说，于那时那刻，那就是爱，那就是应该的相遇，福报和劫难，都是缘分。

风，吹过的地方，才是实实在在的红尘。红尘滚滚，才有众生哭哭笑笑，才有四季红绿沉浮。

张爱玲，正等一场风来，她要倾情，她要倾城，奋不顾身，做那扑火的蛾。

男欢女爱里，胡兰成是最懂得周旋的，就算是虚伪，就算是风流，都展现出邪灵的魔力。

张爱玲的沦陷，成就了胡兰成对女人一次最得意的把握，也成了他《今生今世》里，最用情着墨的篇章。

张爱玲，在多少小说里将一个个男女的命运尽情地安排，多是悲情。而她，却被胡兰成如此安排了，实在让人扼腕生叹。

张爱玲是倔强的，独立独行的，虽然无惧世人的风言风语，但毕竟和胡兰成的交往是畸形的，这让她有许多的不踏实。

那天，胡兰成没有来，她便有些慌乱，便去了他的住处，将一张纸条匆匆放在了胡兰成的案头，说从此相别，再不来往。

胡兰成明白，这样不见去路的情感交往，对于一个初涉情海的女子，是茫然和伤感的。他将那纸条重新塞回到张爱玲的手里，告诉她这纸条她是送不出去的，他也将让她永远送不出去。

这，多像一个真情男子的誓言？

胡兰成果然一如既往地去叩响张爱玲的门，依然会陷在她的闺房里，朝朝暮暮。张爱玲，也一如既往地欢喜。

胡兰成说："男的废了耕，女的废了织。"

张爱玲说："别的她不知道，在这一刹那，她只有他，他也只有她。"

此刻，张爱玲，是倾情的，胡兰成或是倾情的吧，一段时光是这般地碧水盈盈，杨柳依依。

相倚廊桥，有风有月，赏花品酒，这样的男欢女爱，夫复何求？

这个时期，是张爱玲文思最盛的时候，大量的优秀作品都出于左近的日子，但因了与胡兰成的认识，渐渐冷落了自己的笔墨，少了冷静对待文坛的细心。

弟弟张子静回忆说：“从后来的许多数据加以综合分析，这顺着时间秩序的底层，暗含着姐姐沉浮于盛名与爱情之间，对自我分寸的拿捏可能有些恍惚不定。”

张爱玲的第一部长篇小说《连环套》，从1944年1月开始在《万象》杂志月刊上连载，5月的《万象》上同期发表了迅雨《论张爱玲的小说》的文章。

文中说：“在一个低气压的时代，水土特别不相宜的地方，谁也不存什么幻象，期待文艺园里有奇花异卉探出头来。”

文中又说，《连环套》“错失了最有意义的主题”，“逃不过刚下地就夭折的命运”。最后更说：“一位旅华数十年的外侨和我闲谈时说起：奇迹在中国并不称稀奇，可是都没有好下场。但愿这两句话永远扯不到张爱玲女士身上！”

《论张爱玲小说》一文，分析得还是很透彻的，也很客观，这穿插其间的尖锐言语，对于名声正盛、爱情正浓的张爱玲来说，的确是一个太大的刺激。她不仅在《新东方》杂志上以《以自己的文章》进行了及时的回应，更是迅速推出了自己的小说集，那就是《传奇》。

《传奇》果然成为传奇，一经出版，短短四天就已脱销，只得立即再版。这似乎就成了张爱玲铮铮的誓言：我是传奇，不是那没有好结果的幻象。

《传奇》的成功，让张爱玲决绝地停更了《连环套》，更是从此永别了《万象》杂志。为此，还引起了一场稿费的风波，一时间纠缠不休。不管怎么说，这件事对张爱玲的名声还是颇有损耗的。

弟弟张子静说："对于一个二十四岁的女子来说，即使有这样的恍惚，也是可以理解的。"

但此时的恍惚之中，胡兰成及时发表的《评张爱玲》一文，对张爱玲大加支持。这，让张爱玲大受感动，也甚是欢喜，大约这也是她更痴心于胡兰成的另一个因由。

爱哪有无缘无故，多少大大小小的因，促成了看似突兀却是必然的果。

她有一身凉，他还一个暖，就已是风雨不改。张爱玲，已经是倾情，不问旦夕祸福。

胡兰成，似乎也倾心，他虽然因了许多的事务要忙，暂离上海，常住南京，可他总是频繁地回来，再回来。

再回来，胡兰成已经无需小心翼翼地按门铃了。那带着女儿香的钥匙，早已掌握在他的手。锁蕊轻旋，他就可以推门而入了，然后大大方方地喊道："我回来了。"语调里，没有了丝毫的生分和拘束，俨然屋子的一个男主人。

胡兰成是完全进入角色了。其实，他和每一个女子风流的交往，

最初都是这样很进入角色的，只是短暂的往来里，他再一步步回归导演的身份，再去编一场情感的大戏，那些女子，一个个从主角渐渐沦为配角，甚至渐渐淡出舞台。

只有他胡兰成，在追光灯里，纵横风流，毫不在乎自己的轻薄无德。

那年他寄居香港，身边总有娇艳的女子缠绕，打情骂俏，形神迷离。妻子全慧文很难接受，痛斥他太不自重。他却推脱说，这里的女人都是这样腻歪，怪不得他。

全慧文无法忍受胡兰成夜夜笙歌的轻浮，终于精神崩溃，从此疯了。

不过，在张爱玲这里，胡兰成还是有些自知之明，不敢胡乱言语，说得倒还是真诚谨慎。或许，这正是张爱玲被其相负之后，却不曾有半点斥骂怨恨的根由吧。

“因为懂得，所以慈悲。”

她懂，他似乎也有了一些的懂，相别，两无恨。

胡兰成说，张爱玲“从来不会牵愁惹恨，要就是大哭一场”。

面对情感的沸沸扬扬，哪个女子能冷静到收放自如?

张爱玲曾对胡兰成说：“你说没有离愁，我想我是有的，可是上回你去南京，我竟要感伤了。”后来又说，“我想过，你将来就只是在我这里来来去去亦可以。”

后来，他在《民国女子》里，竟然写到张爱玲这样看待他的薄情：“我已有家室，她并不在意。再或我有许多的女友，乃至挟妓游玩，她亦不会吃醋。她倒是愿意世上的女子都喜欢我。”

借张爱玲的爱，说出自己的心声，不过是为自己四处留情的德行，找一个冠冕堂皇的由头，真是恶心。

张爱玲是渴望那“执子之手，与子偕老”的婚姻的，只是胡兰成有家室，情到深处，已无可奈何，又不敢苛求更多。

想此时的张爱玲，是如何地蹉跎着自己？雾里行舟，四望茫茫，岸是渴望，岸又是无望，和浪涛周旋的心都没有，只好顺流颠簸，似乎这也是倾情的唯一安逸。

第五章 痴心错付

壹 一纸婚书

婚书上，张爱玲写："胡兰成张爱玲签订终身，结为夫妇。"

胡兰成写："愿意使岁月静好，现世安稳。"

世间哪有什么水到渠成，世事无常，无非是一退再退，或是一步一步，走到了一种必然。

张爱玲的家庭是庄重的，张爱玲的才华是庄重的，应英娣虽然人长得娇媚，但也自知不敌，和胡兰成无天无地地大闹了一场，恨恨地离去。

应英娣，是胡兰成的第三个夫人，有着杨柳的身姿，燕语的歌喉。

那年初相遇时，这个女人就惹了胡兰成的痴狂，从此二人缠绵街巷。胡兰成似乎是忘了家中还有全慧文，那个为他生了四个孩子的女人。

彼时，全慧文已经疯癫，哪管得了胡兰成流连花丛？好在有胡青芸在。胡兰成的这位侄女倒是很有气势，斥责了胡兰成和应英娣二人。最后对应英娣说："带你回去，但不许干涉我家里的事情，更不许虐待我婶婶。"

应英娣也就以这样的身份，入住了胡兰成的府第。全慧文虽然还在，但精神上已经不能周旋日常，应英娣也就后来居上，成了名副其实的女主人。

一个舞女，有如此锦衣玉食的安稳，实在是一个难得的岁月成全。然而，世道轮回，没承想，胡兰成又恋上了张爱玲。

应英娣知得消息，实在又惊又恨，生恼生悔。她不知道胡兰成的艳遇里，还将有桃花几朵。她不是全慧文，她怕成为全慧文，自然不肯委曲求全。

对于应英娣，胡兰成是留恋的，他在《今生今世》里有这样的话："连英娣与我离异的那天，我到爱玲处有泪，爱玲亦不同情。"

家有全慧文，又娶应英娣，再恋张爱玲，恨不得天下的女人都对

他好，这能让谁同情？对于女人，胡兰成是不肯嫌弃的，生疏的，用了九转连环的手腕去贴身。熟识了，也不说厌恶，满心里渴望天下的女子都喜欢他。

这又怎么能让深陷其中的张爱玲同情？

这或许不是胡兰成导演的目的，然而剧情到了这里，他也就此许了张爱玲一个婚姻的承诺。更或许，他是为了证明自己不事风流只为爱。

张爱玲，是香玉之美，胡兰成若是太过草率，不恳认认真真地捧在掌中一回，怕也是会被人嘲弄成草莽之货的吧？

胡兰成，既认真，又谨慎；即郑重其事，又不事张扬，这般虚实各半的做法，透露着处处的心机。实的一半，给张爱玲一点安稳的慰藉；虚的一半，留给自己将来一个转身的理由。为此只邀请了张爱玲的好友炎樱来做证婚人，只写一张民俗里的婚书。

婚书上，张爱玲写："胡兰成张爱玲签订终身，结为夫妇。"

胡兰成写："愿意使岁月静好，现世安稳。"

才情深厚的张爱玲，写得朴实，说出她厅堂相欢的深情。

本性圆滑的胡兰成，写得浪漫，道出他窗外云天的浮华。

一张婚书，映出了两个灵魂的真伪。

是的，一张婚书。原本应该是两张的，女的一张，男的一张，共写一爱，同证一心。不过，这里倒也怪不得胡兰成。那日去买婚书，张爱玲哪懂得，却只买了一张。那店员递过婚书朝她怪异一笑的时候，她甚至还暗讽人家莫名其妙。却哪知，她在他们那里，才有些莫名其妙。

张爱玲说，自己愿意低到尘埃里去，可就算她甘心低到尘埃里，扑地也是那洁净的花，就像那莲，也是出淤泥而不染的，懂不了烟火的这些风俗。骨子里，她本是那绸缎一样的锦心。

一张婚书，放在哪里才是一个圆满的着落？胡兰成是不愿意想的，张爱玲是不会想的。如此糊涂的一张，也许就注定了最后的各人一半，两零乱。

许多看似可以忽略的日常细节，却是暗喻着一个无可回避的未来，只道当时是平常，待回首过往，才懂得命运早有预设。

叹也无用，悔也无用。

春花有因，秋实有果。

说不明白的对，说不清楚的错。

或许吧，层层叠叠，才有千山万水；生灵跌宕，才是大千世界。

依了风雨，才是明智；顺了四季，自然智慧。

活着，就要为这天地倾情。

那时，张爱玲胡兰成也倾情。

倾情，是欢，是两个人的真欢吗？

别离，是愁，是两个人的浓愁吗？

张爱玲和胡兰成的新婚是卿卿我我的，她摸着他的眉，他望着她的眼，不赞美，不矫情，这么安静地偎依着，安静得似乎都能听到时间像流水一样潺潺的清音。

幸福，总似梦境，让人心生恍惚。张爱玲于这安静中喃喃地问胡兰成："你的人是真的么？你和我这样在一起是真的么？"她还让胡兰成反复地喊她的名字。他叫一声，她应一声。在那声呼唤和应答里，来感受那是不是真实的上海，那是不是真实的她和他。

谁都愿岁月静好，可世间毕竟属于喧嚣。再者，胡兰成这般的男子，又怎肯甘心静守一隅？于他，短暂的时日里，已经心生游离。

那天，是雨天，真是适宜浪漫。长街的黄包车上坐着胡兰成，张爱玲坐在胡兰成的怀里。这样的亲昵，原本是他们应该的，是恰当的，但胡兰成感觉张爱玲那高大的身子，再加上穿了雨衣，很别扭，哪儿哪儿都觉不妥当。

爱，是万般皆好，怎可以有这样的嫌弃？

其实，他们的婚姻，原本就是油水的混搭。他贪恋她水的清纯，她却没有看透他油的轻浮。彼此相依，却不能相溶。

胡兰成在后来的《今生今世》里这样写道："我顾到日后时局变动不致连累她，没有举行仪式……"

那场不声不响的婚定，似乎是胡兰成想得更加周全。这话曾经让人怀疑胡兰成的虚伪，他一路男欢女爱，何曾专情一人？但他倒是一个爱在当下的人，每每相遇，既生招惹，便付情心。但转眼春秋，弃了旧花，再觅新朵。为此，他反思得也很实在："我一生对于好人总是叛逆，对应（应英娣），对爱玲。可是我不后悔。"

以没有借口为借口，弃了，却不悔，怕也唯有胡兰成能说出如此冠冕堂皇的理由来吧。

胡兰成投机于情爱，也投机于世事，他不会心有安稳的。乱乱的时局，让他时时生出心中的慌乱，很有些不妙的预感，觉得会有流离的劫数。他对张爱玲说："我必定逃得过，唯头两年里要改姓换名，将来与你虽隔了银河亦必定找得见。"

这话倒也是对应了胡兰成之前怕连累张爱玲的说词，不过，很多人还是只有一半的相信，一半的疑惑。

张爱玲却心有安稳，面对胡兰成逃亡的担忧，说："那时你变姓名，可叫张牵，又或者叫张招，天涯地角有我在牵你招你。"言语里，没有点滴的慌乱，竟然多有调皮的意味。

爱到调皮，情最真，是此时的张爱玲。

油水的情缘，终究是不能久长，依偎久了，才懂得了不妥，有些

小小的别离，倒也适宜。胡兰成说：“而每次的小别，亦并无离愁，倒像是过了灯节，对平常日子转觉另有一种新意。只说银河水是泪，原来银河轻浅却是形容喜悦。”

上海，张爱玲重新打理她荒废了日久的文字。

南京，胡兰成创办了《苦竹》。

张爱玲曾经在自己的文章中，引用过周作人翻译日本的一首诗：“夏日之夜，有如苦竹，竹细叶密，顷刻之间，随即天明。”传言这月刊的名字就是因此而来。

苦竹，为竹中四丑之一，杆矮但节长。依了张爱玲的心念作了杂志的名，似乎也暗含了张爱玲对胡兰成清操避世、多修品节的期许吧。

胡兰成曾经自喻为“金童”，这里的期许，他自然而然会当作赞誉来看的，对于《苦竹》的名字当然是很得意扬扬。

杂志约了炎樱画了封面，都赞那是很东方的美。诗人沈启无叹道：“封面画真画得好，以大红作底子，以大绿作配合。红是正红，绿是正绿，我说正，就是典雅，不奇不怪，自然的完全。用红容易流于火燥，用绿容易流于尖新，这里都没有那些毛病。”

炎樱因此通过胡兰成认识了池田笃纪等人，后来闯荡日本，嫁给了一个富有的船王，过上了很不错的生活。

《苦竹》是偏向文艺的杂志，在那个文艺支离破碎的乱时，胡兰成自然是因为有了张爱玲才有这样的胆魄，每期出版，当然少不了她的文章来开创局面。

上海，南京，不远不近的距离，张爱玲和胡兰成有了那琴瑟和鸣的意味。文艺，更接近于美好。

胡兰成在回忆里激动地说：“我办《苦竹》，心里有着一种庆幸，因为日常饮食起居及衣饰器皿，池田给我典型，而爱玲又给了我新意。池田的侠义生于现代，这就使人神往，而且好处直接在我身上，爱玲更是我妻，天下的好都成了私情。”

空间，让他们延续了婚姻的一些生机，也使胡兰成有了许多情感的柔软。然而，时局的变化风起云飞。

1944年10月10日，汪精卫的突然去世，让南京伪政府瞬间崩溃，旗下的一群乌合之众，纷纷四散而逃。胡兰成也知前路黯然，只好求助于池田笃纪。很快，他被安排到武汉，去接手《大楚报》。

张爱玲和胡兰成，迎来了他们真正的别离。

码头上，张爱玲将那张船票递在了胡兰成的手心，那里握的已经满是香汗。

随着一声汽笛的长鸣，江轮缓缓离开了水岸，溯流西去。

张爱玲望着远去的船影，心事迷离。

张爱玲是没有悲意的，她知道武汉有码头，上海也有码头。两座城的距离，不过一江水而已。

留不住 贰

可见胡兰成说自己厚脸皮，不是一种自嘲，而是实实在在的了。

说什么地老天荒，说什么海枯石烂，哪敌得了颠沛流离，哪敌得了风雨激荡。

岸和船，她和他，渐依稀，渐疏离。

是的，胡兰成是踏遍山河岁月，一路行走，一路采撷，却又爱在当下不许未来，所以，他才会写出《今生今世》。

轮船逆流而行，胡兰成也是逆流而行。

风雨飘摇里，去当《大楚报》社长，不过是一次看不到未来的挣扎。他懂，但只能装不懂，这是他几乎退无可退的退处。

那时的万里江山，烽火遍地。武汉，条件相当恶劣，生活异常艰苦，让人难以忍受，同去报社任职的一众人，怨怒之气此起彼伏。这些人远离亲朋，又吃住不宁，有些悔恨也是自然。胡兰成却说："我有张爱玲，虽然她也远在上海，我必不像他们的怨怼与贪欲。"

作为报社的社长，不去同情也就罢了，还要这样说些旁敲侧击的话，实在是可笑。那时，谁不知道，他早和一个周姓的女子勾勾连连了。艳遇遍地的他，哪还在意别人的暖或凉？

也罢，情事上，他是绝对不怕嘲笑的，走过山山水水，已经厚颜到不屑于找些什么借口了。他的意念里，所有的相遇或相弃，都是无可辩驳的借口。风，是地来的风；雨，是天来的雨。他似是无可拒绝的，无可奈何的。错，也是别人的错。错，也是天地的错。

胡兰成远行武汉，是匆忙的，是临时的，他的住处也只能临时安排在汉阳医院。隔了奔流的汉水，那里才是《大楚报》社。每日里，朝出暮归，在那激流里起起伏伏，的确像极了那时众多人的日常。但工作却不是这样疲累，夜晚里他总还是有些散步的时间。

月下的行走，是要惹一些人心底的浪漫的，更何况胡兰成这样自谓风流的男人。哪肯错过这样的夜色，邂逅也就很快到来了。他，总有这样香艳的邂逅。

那女子，叫周训德，是汉阳医院的护士，一个身世清寒的女孩

子。她的父亲早早去世，她只好唯唯诺诺地偎在为妾的母亲身边长大。长到十七八的小周，还是活得很清新的，朴素的衣着穿得干干净净，淡雅的碗菜捧得端端正正。话里，有花开；笑里，生涟漪。说不上多娇艳，却满满青春里的明丽。一转身，是春风十里；一回眸，有桃花朵朵。

那一日，周训德在工作的闲暇里，和女伴们一起笑闹。这样繁花朵朵的地方，怎么能少了胡兰成呢？迎着这芬芳的笑声，他来得总是正逢其时。小周见了，礼貌地叫了一声“胡社长”。轻轻浅浅的声音，让胡兰成觉得格外明亮，便问起她的名字。待小周回答了，江边正好传来震天动地的一声爆炸。胡兰成借机巧言道：初次闻得名字，竟然如此震动。

小护士觉得说得有趣，感觉这胡社长也是一个十分有趣的人，心里就有几分荡漾。不过，那都是女孩子纯真的荡漾，本无心。

一个无心，另一个却有意。这情感于别人也许是难事，在胡兰成这里，却要轻易得多。陪小周夜月下散步，还是要有意无意的样子。接下来，是认真的做派，去教小周读写一些诗词。在书页的翻动和笔墨的舞弄里，做一些有心无心的亲昵。约请吃饭当然少不了，两人面对碗筷，说些家里才可有的亲和暖。

小周的家训，是很正统、很古风的。看她的名字，一点也不花俏，似乎家里还是很稀罕她的。愿她一生依了周公礼训德操，不惹艳，不惹俗，清爽立身。只是她遇了胡兰成这样的老手，又怎会不着了道?

她和他，似那清水和污泥的相遇。

清水洗泥，泥哪会清？浊了的，只能是水。

最初的小周，不肯有所应答。她料得胡兰成一定是有家室且儿女成群的男人。做妾，是她从不肯想的，她懂得母亲低眉顺眼的悲苦。再则，胡兰成秋色渐起已是不惑之年，而她正是春色满园的蓓蕾芳华，这样的并肩行走，怎么看也是不合适。

哪个蓬勃的女孩子，不想活得无拘无束，活得明明媚媚?

胡兰成在情事上，从来都是知难而进的，愈曲折，愈进取。先是说让小周做他的学生，后又说做他的女儿，再后来又说做他的妹妹。如此，一天天地将关系近了身，却又说这些都不妥当，这样一个“越看越有滋味”的女子，“没有法子，只好拿她做老婆”。

《今生今世》里，记载了胡兰成和小周这样的一段话：“我道：‘我看着你看着你，想要爱起你来了。’她道：‘瞎说！’我仍说：‘我们就来爱好不好？’她道：‘瞎说！’”

这样的对话，小周虽然反驳，却不惊讶，似乎在她的心里，这般也是自然。由此，胡兰成的言语更煽情，举止更暧昧了，他教习的那些词章，越来越风花雪月。初涉情事的小周，终于招架不得。那月

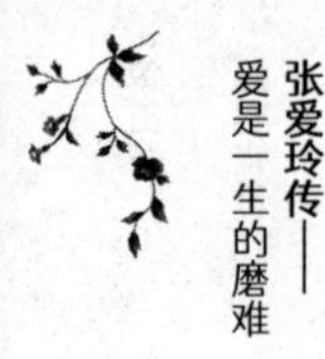

下，那窗前，慢慢是别样的亲昵了。

小周一步步退让，胡兰成就一步步紧逼。那天，胡兰成又使出要照片的手段。这一招，不知在几个女子面前用过，至少在张爱玲是很奏效的。小周嘴里说着不给，嘻哈地笑着夺门而逃。

胡兰成正独自纳闷，却被一双香香的手捂了双眼。他知是小周，便捉了那手用牙轻咬，小周抽了手转身又逃。胡兰成几步快走，堵在了门口。小周望着他，忽然脸一红低下了头，将一张照片递在胡兰成的手里。身子一挤，又想逃出去，胡兰成却不依，将她捉回屋内，非要让她在照片上写些话语。小周拗了几下，胡兰成还是不肯放手，她也就将胡兰成刚刚教的一首诗，写在了照片的背面："春江水沉沉，上有双竹林。竹叶坏水色，郎是坏心人。"

胡兰成看了，心头大喜，趁机将小周紧到了怀里。后来日子里，他以自己的职权，许了小周一个《大楚报》社长室文书的兼职。

一日，报社副社长沈启无告诉小周，胡兰成是有太太的。小周虽然早有预感，但还是"好比一棵桃树被砍了一刀"，很是难过。胡兰成知道了这事，竟然勃然大怒，并说："他妒忌，是因为他没有。"并当面怒斥沈启无卑鄙。

一个情感卑鄙的人，竟然以这样的词语，堂堂皇皇地斥责别人，可见胡兰成说自己厚脸皮，不是一种自嘲，而是实实在在的了。

胡兰成在男女感情上让人不齿，他倒也坦荡。第一次在武汉给张爱玲写信，就说到了小周，说她照顾他的日常很是周全。当然，不是和盘托出。哪里该点到为止，哪里该显山露水，他总把握得特有分寸。一半墙里，一半墙外，不说自己风流，却尽显自己博爱。

惹了你，却让你骂不得。弃了你，却说百般地怜惜着。

张爱玲接到那信的时候，满纸的，没有感觉到什么暖意，扑面的，是武汉的潮腻，比上海这江海相连的地方都潮腻。这潮腻里，她听到了很不清爽的声音。

一个是临时住所在医院，一个是那里的护士，他们相遇相识也是正常。可胡兰成和女子的相遇，终究不会那么简单。

张爱玲是有些心疼的，但她以为，武汉，不过是胡兰成的驿站，小周甚至其他的女子，不过是寂寞的驿站边的那一朵野花，是一种短暂的寄托，就算是贴了身，也是贴不了心的。

她相信，上海才是他去的起点，归的终点。多少来来往往里，她的上海，上海的她，是他条条路的指向。

归来早，是爱；归来迟，也是爱。

她是世间独一无二的张爱玲，却不是他独一无二的爱恋。

恋爱中的女子，都觉得自己是独一无二的，是那个唯一，到头来却常常败得落花流水，败得枝叶零乱。

张爱玲没意识到自己会失败，因为她没有意识到胡兰成的欲望是怎样的肆无忌惮。以为面对一个十七八岁的孩子，胡兰成又能怎样，所以她回信说：

“我是最妒忌女人的，但是当然高兴你在那里的生活不枯寂。”

张爱玲这话，半真，半假。一半说给胡兰成，一半是留给自己；一半是宽心，一半是信缘。

再自信的女子，又怎能在男女情事面前，为自己爱的人打一个百分百的保票？山高水远，就算是鸿雁传书，哪抵得了身边花枝香柔？

唯愿他归来就好。

张爱玲把别人的爱情写得九曲回肠，却把自己的爱情想得太过简单。爱情从来都不是横平竖直的正楷，更像笔墨周旋的草书，爱也纠缠，恨也纠缠。

武汉，胡兰成与小周，已经是朝起成双，暮落成对，快活的鸳鸯。胡兰成知道，时机已到，他开始了自己的坦白。他告诉小周，上海还有一个张爱玲。虽然这在小周的意料之中，但她还是伤心地哭了，叹自己竟然是母亲一样的命，世道是这样不肯周全于她。泪光里又想，胡兰成待她处处很是用心，有这样的归宿也算妥善。于是，幽怨也就没了。

胡兰成在寄给张爱玲的信里，提及小周的篇幅越来越长，言语里总是欢喜。张爱玲心中的疼痛也越来越强烈，很为那次有写纵容味道的回信后悔。远远的，也无奈，只希望等他回来一切能有所改观。

上海武汉双城记

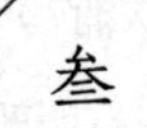

叁

武汉，胡兰成有他的良辰美景。

上海，张爱玲却只有她的奈何天。

1945年。

春节，万家团圆的日子，胡兰成却没有回来。

对于胡兰成，那是人到何处，爱到何处；爱到何处，家在何处。

武汉，有小周的缠绵，那里是他的家了。胡兰成说：“因为这是真的除夕，真的佳节良辰。”

贴门神，吃年夜饭，相坐守岁，与芳香的女子卿卿我我，自然是良宵。

上海，张爱玲虽然有姑姑可以温馨面对，却感到很孤独，一转身就是从头到脚的孤独。在凉凉的阳台上，看着别家的绚丽烟火，张爱玲快快地想着，那绽放是别人的，那陨落才是她的。心事乱了一地，无法收拾。

起先，日子是有些忙碌的，《倾城之恋》的改编以及上演，还有在剧院里排练，甚至甄选演员，张爱玲都前后左右地用心。这些忙碌，尤其是《倾城之恋》上演的巨大成功，让她也就暂时麻木了对远方的担忧。然而，年节的宁静，特别是这独自的宁静，那担忧又渐渐地疼痛起来。

身外皆可是浮华，而切身是真实的现世，是最不能的逃离。

疼痛，让张爱玲心中慢慢生出懒散的灰尘。屋内桌案上，笔墨早已僵冷了许久，只有那个笔筒，独自在那里立着，像外面独自立在那里的张爱玲，一样一样地泛着冷光，既古意，又红尘。

武汉，胡兰成的日子是快活的。春节过后，初五，给小周过生日，他已经以亲人自居。小周也渐渐地习惯变成自然，俨然成了胡兰成的家人。

日子向暖，相携郊游，胡兰成的眼里却不在意风景，在意的只是小周。望着她，他想到了一首唐诗：

阳春三月踏春阳，何处春阳不断肠；

舞袖弓腰浑不识，蛾眉犹带九秋霜。

在胡兰成的眼里，小周的欢和怨，都一样是诗。

3月，虽然战火还乱，但景色毕竟是无边的明媚，在这不错的兴致里，胡兰成说要回上海了。小周听了脸上也无异色，只说："这是应该的……"又说，"汉口这地方，你此去不必再来了的。"待到胡兰成即将启程的日子，小周也不说挽留，只埋头给胡兰成一件一件地洗着衣服，忽然就又端端正正地唱道："郎呀，郎呀，我的郎。"

可见一个女孩子的心理此时是多么挣扎，但又不似普通女子那样泼赖。

上海，胡兰成终于回了。

当张爱玲知道他不是专程回来，不过是去南京处理事务才有了这次顺道，那刚刚有些明亮的心一下子又暗了。

胡兰成不问冷，也不问暖，满嘴都是小周，高声低声都是亲，任谁也能听出浓浓的暧昧。张爱玲的心，越发地冷了。可一个女子，在爱面前，又怎么能斩钉截铁呢？那裂了无数伤口的心里，依然满是希望。正如她后来在《小团圆》中这样吐露心声：

“你如果还想保留他，就必须听他讲，无论听了多痛苦。”

看似高贵无边的张爱玲，原来和平凡的女子一样，竟然也如此苟且于感情。她叛逆的衣衫，叛逆的身心，在这里也只是逆来顺受。

那时，张爱玲说，“有个外国人向她的姑姑致意，想望爱玲与他发生关系，每月可贴一点小钱”。

这或许是张爱玲对胡兰成情感上朝秦暮楚的一点小小的回击，但不是故意，似乎是真实。

据张子静回忆说：姐姐曾经接到一个外国异性跳舞的邀约。

张爱玲气质高洁，从不肯沾染男性，也难招男人沾染。那是第一次，正是这个时候。

胡兰成说：“我初听不快，随亦洒然。”

不快肯定是真的，洒然却做不到，他自己总是希望天下的女人都对他好。对于张爱玲，这时他说：“我们两人在一起，只觉眼前的人儿即是天下世界的真实。”

关于那时的他们，胡兰成在后来的文字里这样写道：“我们两人同坐一辆三轮车到法租界中，旧历三月艳阳天气，只见遍路柳絮舞空，纷纷扬扬如一天大雪，令人惊异。我与爱玲都穿夹衣，对自己的身体更有肌肤之亲。我在爱玲的发际与膝上捉柳絮，那柳絮团成球，在车子前后飞绕，只管撩面拂颈，说它无赖一点也不错。……春光有

这样明迷，我竟是第一次晓得，真的人世都成了仙境。”

这样的句子，似是真的动了真情，可他是否还记得，不久的曾经，他和小周牵手春风，郎情妾意，自喻为神仙眷侣的甜言蜜语？

胡兰成就是一个活得如此现实的人。

短暂的温馨，胡兰成再次别去。

张爱玲又像最初一样燃起期待，盼那门外熟悉的脚步，盼那一声，“我回来了”。

在胡兰成的人生路途中，侄女胡青芸是一个非常长久的跟随。这位侄女的确有乡里生生不息的坚韧劲，但风风雨雨颇为不易。直到三十岁，就像旗袍要开始褪色，胡兰成才觉得应该给她一个圆满了。于是，送胡青芸去杭州完婚。

那个男人，品貌普通，财富还可以，倒也说得上圆满。至于情感上是否圆满，无人去问，也就无人去答。

张爱玲见了胡青芸，再看胡兰成，觉得别样。胡青芸说起胡兰成，说叔叔招女人喜欢。或许多年屋里屋外、碰头打脸地贴近，便生了“恋”的情节，以叔叔的形象，去标定心中的男人，也就一拖再拖，踉跄了年华。

5月，柳絮早已没有了，缠绵也许就没了，胡兰成又回了武汉。

闻了胡兰成的声音，楼上的小周似是受到了惊吓，完全地不敢相信。待胡兰成捉住了她的手，她依然恍惚。见小周手上多了一个指环，胡兰成便问。小周这才似清醒了些，说："是用你留给我的钱买的。"

她以为，那一别，就是天涯。用他的钱，买这闪闪烁烁的金环，绕了指，念那人。

3月里还与张爱玲在柳絮缠绵的胡兰成，在这5月里又与小周共沐荷风了。小船"撑入荷花深外，船舷与水面这样近，荷花荷叶与人这样近"。

胡兰成说："我们就是天可怜见的两人，在灯火人丛中只是觉得亲。"

这话是和张爱玲刚刚说的，一转身又这样说给了小周，看似诗情清晰的话语，却是情感凌乱。他，有什么可怜的地儿？天可怜见的，应该是张爱玲，应该是周训德。

初情，即真情，小周和张爱玲一样，而且是可以为爱舍命的人。

胡兰成曾经回忆说，有一次遭飞机扫射，情况险急，"说时迟，那时快，训德将我又一把拖进栏间堆柴处，以身翼蔽我"。

滥情的人，总遇了痴心的人，这世间原来容了许多的荒唐。

情感上的孽债，或许只能痛斥。

仕途上的孽债，势必会被追讨。

1945年8月15日，日本宣布无条件投降。

胡兰成，这个诸多不清白的男人，再也无人庇护。小周是万万无能为力的。胡兰成满身大汗，心已凌乱。

惶惶里，他给了小周一些金银。不带她走，是不肯牵连她受苦，并嘱咐不可哭泣。说自己初时定会曲折一些，但公文里说宽大为怀，定不会太过糟糕，一切皆会平安。待他归来，再还她花开的欢。

她依然是初见时的美目流盼。

每每相别，胡兰成都许这样春风再回的诺言。可一别离就是过往，哪个女人见过胡兰成回头的温暖呢？来时实在是真，去时虚幻成空。人刚别，情就了。胡兰成一生寻芳处处，惹无边的凌乱。只是钱财这里，倒还有点良心。和几个女人分手，他都在财物上有了说得过去的付出。

初别上海，和武汉这离别小周一样，胡兰成也在张爱玲那里放下了一个大大的手提箱，满满的，是一箱子钱。张爱玲以为是他办报筹集的费用。胡兰成走了，那箱子却没有带走。后来张爱玲才懂，是胡兰成留给她的。乱世里，一切都不安稳，有钱，可以让人少些慌张，少些无助。

胡兰成知道自己的体性，别了，再回，难。他就以这一箱钱做筹码，换自己的负情。

张爱玲曾对胡兰成说："姑姑说我爱财。"的确，在钱上，张爱玲非常计较。可对胡兰成，她哪会以情爱换金钱？她可以伏身尘埃，情却依然高贵，那是血统里的华丽傲气。

对胡兰成，张爱玲在金钱上是最大方的。后来，在胡兰成逃亡的路上，张爱玲将那一箱钱陆陆续续寄还了去，而且还用自己挣的稿费，去补贴他的窘迫。

张爱玲说，她最不忍受自己欠别人的，也就一一地还了，所以无他。这他里包括父母、姑姑、弟弟，当然还有胡兰成。

风流成性

对于招惹女子，胡兰成是从不惜力的。

早秋的日子，草木生实。

南方的稻，北方的谷，都丰收了，正应了抗战胜利的景。

狼烟虽未曾散尽，但人们看到了有着有落的光景。

这季节，却于胡兰成是不宜的。他自知自己是是非之身，仓皇离了武汉。

挤在乱乱的人群里，胡兰成感叹道："抗战胜利的感觉不是热闹……那里的炊烟人家将如何作我隐身之处，亦竟无从安排。"

前途怕是天涯坎坷，但又不知所往何处，“不禁微有凄惶”。这样，胡兰成却还异常自负，说：“我不过是一败。天地之间有成有败，长江之水送舟，从来送胜者亦送败者，胜者的欢哗果然如流水洋洋，而败者的谦逊使江山皆静。”

错了路途，依然不肯反思脚步，反反复复里，胡兰成总要为自己找一个体面。

他还说：“我好比兵败垓下，但我自然不会像项王的悲歌慷慨。”言语里，还把小周喻作豪横绝世的虞姬，但心里又把她当小乔来爱，自己更想做那雄姿勃发的周公瑾。其实胡兰成明白，苏轼词的浪涛里，都是真正的风流人物。逆流而上，胡兰成是没有这力气和胆量了，说的，都是些心虚的话，灰头土脸地顺江而下是必然的。

南京小停，胡兰成整理一下自己的慌张，免得到了上海显得诸般狼狈。

两城相望的张爱玲和胡兰成，那时虽然还是一江相牵，也有书信来往，只是那纸张，那言语，慢慢不再柔软，甚至生出了一层疏离。

上海再相聚，张爱玲忽然觉得，胡兰成像一个泥坛子一样可笑，在他的爱和吻里，差点呕吐出来。心，是百般地悲凉了，两个秋水长天的人，已经是山重水复地远了。

张爱玲知道，胡兰成拿她也不过是当一处驿站，而不是那系缆归

心的码头。

她可以不悔，但不会不痛。那夜，她竟然悲凉地生出了杀心。

“他睡着了。她望着他的脸，黄黯的灯光中，是她不喜欢的正面。

她有种茫茫无依的感觉，像在黄昏时分出海，路不熟，又远。

现在在他逃亡的前夜，他睡着了，正好背对着她。

厨房里有一把斩肉的板刀，太沉重。还有切西瓜的长刀，比较伏手。对准那狭窄的金色背脊一刀。他现在是法外之人了，拖下楼梯往街上一丢。

……

他好像觉得了什么，立刻翻过身来。似乎没醒，但是她不愿意跟他面对面睡，也跟着翻身。”

煎熬一夜，终于到了黎明。

胡青芸一早来接胡兰成，说是要一个被单来打行李。待张爱玲忙找出来，大门口已经不见了他们。她忽然觉得：“人都走光了，但是清空可爱。”

此时，她是决定不爱的了，也就有了放下的轻松。

胡兰成就这样匆匆地走了，没有道别，甚至都没像留恋小周那样，留恋一下张爱玲。

风声是越来越紧了，似身后有人追来。胡兰成在杭州只喘得半口气，就忙火火地渡过了钱塘江。弃舟登岸，坐上公共汽车，胡兰成见身边坐着的乡里人，都活得那么新鲜。他这样的人物，是不该神形这样苟且的，忽然就正襟危坐，生出许多的豪气。

境遇，却不是感觉里这样的舒展。下得车来，站在那山荒水荒的地方，胡兰成觉得了自己的渺小，好在有侄女胡青芸的男人接应，引得他住进了绍兴他姐姐家。

那虽然是乡野小镇，却不是荒地，饭店酒家，商贩匠人，小显繁华。胡兰成觉得“总总不宜于寄身”，惶惶挣扎两天，他忽然想到了斯家。斯家在杭州城里置有宅院，近些年，为避战祸，搬回了诸暨的乡下老家。

五指山的这个村落，虽然不大，却也整齐热闹，沿了街的石墙石壁上，满是“肃杀汉奸”之类的标语。尽管不会总在街巷里露面，这还是常让胡兰成心惊肉跳。好在斯家是大户，常有人物出入，多个胡兰成也少会让人猜疑，更何况斯家言语里都多打些埋伏，将他里里外外地称作张先生。

斯家，待胡兰成不薄，十八年前，他就曾寄居斯家在杭州的宅院里。后来，虽然因逗引斯家小姐，被赶了出来。但在胡兰成落魄之时，斯家又宽容了他，斯家伯母依然待他如子侄。今日避难再次来投，斯家不曾有半分犹豫。

斯家有一个姨奶奶，姓范，虽然十八岁就开始守寡，只为斯家老爷生了一个女儿，但维持家势从不惜力，又懂生意，里里外外招人敬她，都称她范先生。胡兰成也这么称她。

对于招惹女子，胡兰成是从不惜力的。他虽然颠沛流离，见了这范先生，已是一眼春风，一眼明月，暗暗地赞道："立着如花枝微微倾斜，自然有千娇百媚。"

这样不作不为地寄住，斯家也不嫌弃。前些年，同学斯颂德染了恶疾，胡兰成多有救助，虽然没能治愈。但斯颂德归土后，胡兰成对斯家也时常帮衬。

斯家本就仁厚，常常施恩别人。对于外人帮扶，总是铭记刻骨。胡兰成的到来，斯家伯母的话说得异常铿锵："胡先生你住在这里，不要紧的。"

久住是真的不能。久住，就没了藏匿。胡兰成懂得，他便决定辗转别处。

知胡兰成也无熟处，范先生自愿去作引导，周遭方圆里，她毕竟有些人情。这，让胡兰成喜出望外，更赞"她是女性的极致，却没有一点女娘气"。并说："我是第一次有这样的女性以朋友待我，这单单是朋友，就已壮阔无际。"

转山转水，并没有转到安心的住处，但胡兰成却将范先生转成了朋友，而且是女朋友。

一路的慌忙里，一切都可荒废，而女人却不能舍。他在回忆到浪迹义乌的时候，这样写道："只见年轻妇女皆着青布长裙在田地里种作，谢灵运诗里的东阳女子，与苏轼诗里的于潜女子，皆好像是今天的她们。"

远的，都要这样诗情画意地看上一眼，对于身边的范先生，他哪能不看个周全。不说腰身，单单"她的言语即是国色天香"。甚至她小衣里拿出来的钱，胡兰成都觉得亲，甚至生出"抚她的眉毛，抚她的眼睛"的幻念来。

"眼前有了范先生这个人，即是有了江山。"是不尽的好，"一似开不尽的那春花春柳媚前川，听不尽的杜鹃啼红水潺潺，历不尽人语秋千深深院呀，望不尽的门外天涯道路，倚不尽的楼前十二阑干"。

一路同行，胡兰成由表及里地说着自己的情事，也一步步导引着范先生说些自己的情事。

男女之间的话题到了这里，已经是赤裸裸的逗引了。说的说了，听的听了，此时应该是他们的情事了。

胡兰成问范先生做女儿时的名字，范先生喜喜地说叫秀美。胡兰成轻轻地唤了，觉得格外好。在那时，女子的名字，嫁到婆家就成了私密。能知能唤的人，都是贴身的亲，"是私情的喜欢和贵气"。

胡兰成在《今生今世》中这样写道："12月8日到丽水，我们遂结为夫妇之好。这在我是因感激，男女感激，至终是唯有以身相许。"

女子感恩，有了以身相许，常有佳话。胡兰成一个男人，竟然以身相许报恩。真能为自己无边的风流找些可耻可笑的理由。

那原本说的端正地送一送呢？那原本说的思无邪呢？

好事成了，胡兰成却说心里有所顾忌，毕竟他和范秀美差着辈分。这完全是逼范秀美开口，待日后，自己好在斯家那里有个周全的说辞。范秀美倒也泼辣实在，说："你与斯家，只是叫名好像子侄，不算犯上，我这人是我自己的，且他们娘是个明亮的。"

于斯家，胡兰成做得却不明亮，是忘恩负义；于爱他的几个女子，他做得也隐晦，也是忘恩负义。但他却说："我已有爱玲，却又与小周，又与秀美，是应该还是不应该，我只能不求甚解，甚至不去多想，总之它是这样的，不可以解说，这就是理了。"

又是这样一个无理之理，世间也唯有胡兰成这般无耻。于人伦道德上，忘恩负义，于家国大义上，则更甚。

偷偷摸摸地逃亡，偷偷摸摸的情事，即使在朴素的乡村里，人们多不猜疑，但毕竟不是个安稳。

范秀美和胡兰成商量去寻她的母亲。待寻到，两人就搬住在了一起，心安理得地过起了夫妻生暖的烟火日子。

女子，多是周折的心肠。近了，是咬牙切齿；远了，却又牵肠挂肚。

胡兰成山重水复的颠簸，是张爱玲日思夜虑的煎熬。

对胡兰成临别的那夜虽然生恨，不过是一时的爱之切。

上海，张爱玲无一日是静心的，牵肠挂肚担心胡兰成的安危。她哪里知道，胡兰成在温州并没有因她的叮嘱叫着张牵，或是张招，而是叫张嘉仪。改名张嘉仪，倒是有个张字，但不是对张爱玲有思恋。

枕上有范秀美，胡兰成哪还顾得上海张爱玲呢？他还是那样实实在在地活在当下。

张嘉仪这名字，原是范秀美给一个晚辈取的，胡兰成听了喜欢，也就自己用了。他说："用老婆取的名字，天下人亦只有我。"一嘴的骄傲，和张爱玲，像是隔山隔川的遥远了。唯一让他在脑海里闪念一下张爱玲的，却是姓名中的那个张字。

后来，忆起和范秀美的情缘，胡兰成的回答模棱两可，他说："我在忧患惊险中，与秀美结为夫妇，不是没有利用之意，要利用人，可见我不老实。但我每利用人，必定弄假成真，一分情还他两分，忠实与机智为一，要说这是我的不纯，我亦难辩。"

他们的温州，或许不是两相许，只是两相需。

第六章 梦一场

壹 卑微到尘埃

张爱玲以为，真的扑身到尘埃里，就会花开。

1946年。

2月，春事懵懂，草色已可遥看，也是放风筝的好时候。张爱玲再也按捺不住自己，她要去远方追寻，寻她和他的春暖花开。

女人，欢，是情；恼，也是情。爱，不肯轻易；离，也不肯轻易。

胡兰成遥遥的远行，让张爱玲曾经觉得那么清新空灵，然而，那空灵渐渐变得空洞，渐渐变成空虚了。

似乎，上海也不是她的了。她明白，还爱着。

一个春节，他在武汉，她在上海。又一个春节，他在浙江，她还是在上海。结婚两年，爱着的人，怎么可以在最热闹的时节，山水远隔？

她觉得，男人可以跋山涉水，女人应该就是那衣衫之情，粥饭之暖。

张爱玲出发了，她回头看了一眼上海，那里有万千繁华，可这些，她都愿意舍弃。为爱，她义无反顾地奔赴原野，是真切地要低到尘埃里去了。

姑姑倚了门送她，沉沉地说："给人卖掉了我都不知道。"

张爱玲却故作轻松地笑，说："我一到就寄张明信片来。"

女子跋山涉水本就艰难，更何况是独身的一个女子，更何况在那还未安稳的乱时。

张爱玲是决绝的，也深有坚定，风雨遥遥也就不在心里了。

为了多些隐秘，大路，是走不得的，最初的时候，哪里曲折，便走哪里。远了上海，才宽松了些精神，或车，或船，都适当地搭乘。大雪初化的江南，景色也是很美，张爱玲顾不得看细致，满心里都是风风火火。

她一路上念叨："他乡，他的乡土，都是异乡。"

胡兰成定是那里水土不服的客，见了她的人，自会有了家的暖。

张爱玲愿用自己的一切，将那异乡，为他装饰成故乡，可有一架豆角，可有一篱菊花，可煎一个鸡蛋，可泡一杯咖啡。

相见，却是另一个样子，欣喜没有，安慰也没有，胡兰成劈头盖脸竟然是一句："你来做什么？还不快回去？"

这呵斥，竟然和当年呵斥去湘湖师范找他的唐玉凤一样一样。

胡兰成是惊讶的，甚至恼怒，该是怕张爱玲撞破他和范秀美的事。

胡兰成也是惊心的，张爱玲都寻得来，别人怕是也寻得来。他不敢深想，张爱玲和他的关系虽然没有正式公开，但还是有很多人知道的。张爱玲来了，怕身后也会有人跟了来。

至于说疼张爱玲的艰辛，怕牵连她，更说他们之间应该是天上人间般的，不应该成了千里寻夫这样的世俗之事。这话，除了张爱玲，怕是没人相信。

范秀美的娘家，胡兰成自然不会引了张爱玲去。胡兰成在公园旁为张爱玲选了一个旅馆。旅馆里常有警察查夜，胡兰成是怕的，只能白天陪在这里。说话，也多是低声。

两人相见，虽然有些生分，终是夫妻，总要贴身相依。

忆起这段，胡兰成这样写道："有时两个人并枕躺在床上说话，两人脸凑脸四目相视，她眼睛都是笑，面庞像大朵牡丹开得满满的，一点没有保留，我凡与她在一起中，总觉得日子是长长的。"

最初见到张爱玲时的惊讶和不喜、不妥当，或是渐渐散去，两人的相处融洽了，常常相伴出去走走，不过还是加着小心。张爱玲要涂些口红，胡兰成让她不要涂。张兰玲依了，知是怕太招眼。

一日清晨，两人在花草间散步，张爱玲忽然定定地望着胡兰成说："今晨你尚未来，我一人在房里，来了只乌鸦停在窗口，我心里念诵，你只管停着，我是不迷信的，但后来见它飞走了，我又很开心。"张爱玲的言语里，满是快乐，满是天真。那时，她是幸福的。

温州相聚，张爱玲似乎从一个总爱带着微笑倾听的女子，变成了渴望倾诉的人。

"我从诸暨丽水来，路上想着这里是你走过的。及在船上望得见温州城了，想你就在那里，这温州城就像含有宝珠在放光。"

每天里，张爱玲都是这些柔软的细语，全然是女子初恋的样子，已然是痴了。

张爱玲以为，真的扑身到尘埃里，就会花开。

二月嘛，总是欣欣向荣。然而，尘埃更多时候会让人灰头土脸。

白天张爱玲，夜晚范秀美，胡兰成就在这黑白情感里周旋着，他以为天衣无缝，却还是要惹些破绽。

那一日清晨，胡兰成和张爱玲在旅馆里相坐，忽然腹痛，他却一直隐忍着。范秀美来了，却立刻告诉了她。范秀美拉了凳子靠近坐下，诸般关心，非常体己。

张爱玲见了，立时就寒了脸，可她不敢说破，不想说破——对胡兰成，她竟然不如范秀美更亲?

三人同坐，听范秀美说些乡俗，倒也有趣。有时候张爱玲听得痴了，看得也痴了，不觉赞道："范先生真是生得美。"

张爱玲展开纸张，当即就给范秀美画像。

这一段，胡兰成是这样写的："秀美坐着让她画，我立在一边看，见她勾了脸庞儿，画出眉眼鼻子，正得画嘴角，我高兴得才要赞扬她的神来之笔，她却忽然停笔不画了。秀美去后，爱玲道：'我画着画着，只觉得她的眉眼神情，她的嘴，越来越像你，心里好一惊动，一阵难受，就再也画不下去了，你还只管问我为何不画下去！"

范秀美的美，张爱玲看得见，胡兰成这样的风月男子，又怎么看不见呢?

张爱玲的意识忽然就清晰了，也就隐隐地疼了。待自己平复了委屈，却说起小周来，希望胡兰成在她们两个之间有个明白。至于范秀美这里，她只想糊涂地忽略。两个女人的拉扯，她都收拾不明白，再多一个女人，张爱玲实在有心无力。

哪个女人，能够有快刀斩乱麻的理智？因为她们总爱心存期望，哪怕是面对水落石出的背叛。

那天，是在一个曲折的小巷子里，窄窄的，无可周旋。张爱玲希望胡兰成能有一个直来直去的回答，再不躲避。她，是下了最后决心的。

胡兰成的话，总是左右逢源式的，不做A面或B面的决定，这一次，他一如既往地回答："我待你，天上地上，无有得比较，若选择，不但于你是委屈的，亦对不起小周。人世迢迢如岁月，但是无嫌猜，按不上取拾的话。"

没有选择，却已经选择，张爱玲懂。但她不相信这是最后的底牌，瘫软着倚了墙，振作了些许的力气，说道："你与我结婚，婚帖上写现世安稳，你不给我安稳？"这话，是责问，更有几分悲怆的祈求。

胡兰成却说，岁月苍苍，聚散不可知，不问也罢了。

一霎时，那个巷子里，已经是来无来处，去无去处。张爱玲重重地叹了声，说："你是到底不肯。我想过，我倘使不得不离开你，亦不致寻短见，亦不能再爱别人，我将只是萎谢了。"

这时，张爱玲明白了，临别上海前，朋友说胡兰成的日子不挣扎，似是想小周更多一些的话不虚。

胡兰成也说："我待爱玲，如我自己，宁可克己，倒是要多照顾小周和秀美。”

一路繁花，胡兰成采了又采，满手里的花朵，都是不舍，显然是后来的新鲜一些。但他心里，却是“等有一天他能出头露面了，等他回来三美团圆”。

张爱玲是绝望了，她原本是希望门板吱呀的巷子里，得到一个油盐生香的回答。

此时，却是一下子空了，没有了她张爱玲，亦没有了那胡兰成，只有风，吹过去，又吹过去。

二十多天的温州乡里，张爱玲淡去了那甜蜜的天真。

雨里，船儿摇摇，心事摇摇，张爱玲离开了。

没有挥手，只有胡兰成回身踏向那深的路，那深的巷子。

船头，是不甘的张爱玲。那水，是弱势的，比不了苏州河，更比不了海，却是她心里最大的波涛。

回到上海的张爱玲，好像还在那波涛里晕眩着，急急地给胡兰成写了信，说：“那天船将开时，你回岸上去了，我一人雨中撑伞在船舷边，对着滔滔黄浪，伫立涕泣久之。”满纸的，都是这情深深雨濛濛。

没有谁懂，张爱玲似是依然意乱情迷着。她自己明白，这不是向胡兰成祈情，不是求怜。她只是需要诉说，顺手下笔，是自说自话。

胡兰成喜欢她的文字，她拿他就当那个最初的读者。寄钱，更不是帮扶，只是为了还，为了了，为了结，以期不欠，两两成路人。

不过，姑妈张茂渊是懂她的，也是最主张爱玲把钱还回去的。不愧是一个铿锵有型的女人。而且她也看出来，张爱玲虽然说了，说断，却是做不到的，至少还有那么一点藕断丝连的不舍，便冷冷地痛斥张爱玲："没有一个男人值得这样。"

张爱玲说自己是"最不多愁善感的人，抵抗力很强"。

的确，在血缘亲情这里，她是这样的，对父亲，她一别再不肯回头，对弟弟，在他声声的呼唤里，也是不肯有一句见暖见亲的应答。在胡兰成这里，她却做不到真正的决绝。

面对姑姑的痛斥，她笑着说："我不知道怎么，喜欢起来简直是狂喜，难受起来倒不再觉得，木木的。"

这就是张爱玲，一个高贵的女子；这就是张爱玲，一个平凡的女子。

她看不透自己，她看不透那个男人，茫然里，她看到的实实在在是一条空巷子，不会再有他们并肩行走，向前，甚至是向后。

只是，一切还没有结束。风起了，就不好尘埃落定。

心已冷 贰

那天，黄逸梵敲开张爱玲的门，坐在床上说起胡兰成，问："你还在等他吗？"

张爱玲笑着答道："他走了。他走了当然就完了。"

上海的3月，花事已呈热闹，昨日里，那边街角才开一丛粉，今晨里，这边楼下又绽一树红，各香，各美，又呼应成势，几日复几日，渐显倾城。

张爱玲的心里，挣扎又挣扎，纠结又纠结。恨里，有刀；爱里，生暖。在这反复里，念想温州那远乡。

难忘的，不是那旅馆，不是那公园，是那条深深的巷子，张爱玲曾牵了胡兰成的手，几步快走，追逐着自己的影子，又折返身来，回头看影子追逐自己。

她说，这是人影两相随。说给自己，也说给他。

上海爱丁堡公寓里，灯光中的张爱玲，人惶惶，影迷离，都是模糊的，都是依稀的。

那门，总是关了个紧。这人和影，张爱玲自己不想爱，更不许别人看，就算一壁之隔的姑姑，也难见她一见。姑姑敲几下门，她不应；再敲得急了，她懒懒地应一声，活着。

倚了床，张爱玲把人和影缩成一团。得不到阳光的人，哪会得到一个生机勃勃的影子呢?

温州，春色秀美，都比不得身边的范秀美，胡兰成就有些春深不知愁的味道了，出入就少了谨慎，生出些张扬，似乎就让人有了些疑猜。

这一日，忽然就有一个当兵的人，在门口不住地张望。范秀美见了，立时就惊了魂魄。胡兰成也没了端正，急忙收拾了简单的行李，匆匆离开。

在范秀美的妹妹家中，胡兰成定了定神，觉得还是不妥当，但思量半天，才知道天地原来如此窄，难有他们可以投身以寄的安稳地方。想来想去，也只有返去诸暨斯家。

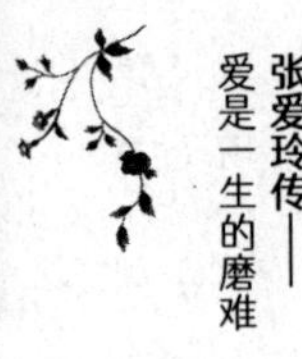

乘了夜色，搭上木船。此一去，范秀美自知和胡兰成的苟且，不好和斯家那里交代，就算彼此心知肚明，寄身在那宅院里，也只能缩手缩脚，收敛举止，不然惹了人家大怒，实在不好收场。想着想着，竟然抱着胡兰成失声哭了。

这深夜里的抽泣，更显动情。胡兰成无可安慰，但又没有另投的地方，也只是暗自唏嘘。

去而又返，斯家实在是宽善人家，再次接纳了胡兰成。这样的折腾，大家都懂了事情并不是那么简单，若不好好地周全，怕是牵涉多多，将是胡兰成的大坎，也会成为斯家的坎。于是，大家有了顾忌，就努力遮掩。胡兰成只好躲身在一间楼上，门也反锁了，抛头露面的事一概减了。

没有了招摇的机会，胡兰成倒也安心了许多，除了或吃或睡这样必需的日常，他就伏在桌前，看些闲书，并且动手开始写他的“武汉记”。

这样的日子，于胡兰成这样的人，实在是和尚坐禅一样的孤苦，他是难忍得住的。于是，也就时不时地给张爱玲写一封长信，花言巧语地说些念想，来博得一些他想要的应答。间或里，和范秀美也少不了偷偷摸摸的风流。

风流，难免惹了风流的孽。范秀美竟然怀孕了，这意外，实在不是喜，生产是万万不可能的，只有堕胎。若是就近就医，必将惹出许多的震动，难以应付不说，扫了斯家的颜面，怕是会被扫地出门。

范秀美是有些慌张的，胡兰成风月万千，自然老练，便假托有事安排，让范秀美去一趟上海。

范秀美见了胡青芸，才觉得自己是有些病急乱投医的味道，毕竟自己不是胡兰成名正言顺的女人，于他的侄女，开口有些费心神。

胡青芸见到范秀美，却一点也不惊讶，她本来就懂得叔叔的风流，此去浙江，虽然是避事，但他哪会收了本性？对胡青芸来说，这原本就在意料之中，再加上有陪胡兰成前去的丈夫，早传了此讯信来，心里自然一切明镜似的。

然而，令胡青芸惊讶的是，范秀美来上海寻医堕胎，竟然连就诊的钱都没带。

胡兰成遥去浙江，已是自顾不暇，当然不可能帮衬家中。上海宅院的一切，都是由胡青芸里外细心打理，才勉强运转着。日子本就艰难，再帮范秀美出做手术的费用，无异雪上加霜。

范秀美见胡青芸面有难色，急忙掏出了一张纸条。胡青芸以为叔叔是有些吩咐，接过来看了，又是惊了一惊，那字条是给张爱玲的，上面写着：“有毛病，资助一点。”

给自己露水的女人看病，而且是打胎这种病，竟然堂堂正正地求自己的妻，天下哪个男人，能如胡兰成这般荒唐？

“若说无耻，我自是不辩。”以无聊的虚辞，辩白丑行，这是胡兰成驾轻就熟的惯性。《今生今世》里，胡兰成写自己的政治是非，世事交往，女人周旋，无不是这般的恶劣，看似老道圆滑，实在是流氓的词穷，以无理护无理。

第二天，胡青芸领着范秀美，按响了张爱玲的门铃。张爱玲也不惊讶，看了那字条，转身从抽屉里拿出一支金镯子，递在胡青芸的手中，说：“当掉，换钱给范先生做手术。”

张爱玲没有唤范秀美，想来她不知道。温州那二十多天的三人相处，胡兰成为了掩饰自己和范秀美之间的暧昧，也是一直叫范先生，自然不肯告诉张爱玲。

那时，凭着女人的敏感，张爱玲是有些察觉的，但她专心于胡兰成和小周的纠结，也就没有细想。

所以，后来她说，回到上海几周，才回味过来。那时，在情感上，她还是没将胡兰成想得这样狰狞。

通过这次相见，张爱玲那些所谓的回过味来，是真真切切地明白了。

她，不惊不怒。

她再不问胡兰成那边的日常，不问，是已经不挂怀。她也不问范秀美病情的因由轻重。不问，这里怕也是已经懂了。

范秀美的容颜神形，看得出不是重病。千里迢迢，不是难言之隐，还能有什么？

张爱玲留范秀美吃饭，倒不是虚让，却没有特意加些美味，都是平日里的饭菜。她和姑姑吃得从容，范秀美却吃得挣扎，表情里都是难以下咽的样子。

张爱玲见了，有些心情不舒展，但不是厌恶范秀美挑食，而是觉得从范秀美的吃相里，就可猜见胡兰成和她平常的生活绝对不差。想起自己以为他多苦也就节衣缩食，多去钱财支援，看来真是杞人忧天的不应该。

他们那边活得从容，上海来治疗，却还不肯出治病钱。想到这，张爱玲心更凉了一层。

初回上海，张爱玲还一封封地写些长信，说些自己分别的伤感。至此，再也不写了，偶尔捎一张三五字的便条去，再不着半点情感。

话，还有什么可说呢？

胡兰成见了这些字条，以为张爱玲的心情也是这样素淡了。在小周，甚至在范秀美这里，都释然了。他，就厚厚地写信给张爱玲。

张爱玲在《小团圆》里，透露了胡兰成这信的大概："昨天巧玉睡了午觉之后来看我，脸上有衰老，我更爱她了。有一次夜里同睡，她醒来发现胸前的钮扣都解开了，说：'能有五年在一起，就死也甘心了。'我的毛病是永远沾沾自喜，有点什么就要告诉你，但是我觉得她其实也非常好，你也要妒忌妒忌她才好。不过你真要是妒忌起来，我又吃不消了。”

巧玉，是张爱玲在她笔下给范秀美化的名。

张爱玲看了胡兰成的信，觉得“有情书错投之感，又好气又好笑”。

这时的张爱玲，许是早已释然了——一切与她何干？妒忌，又怎么会有？

那边，胡兰成在乡间苟且，是有欢有爱的光阴。这边，张爱玲身处繁华，却是独自数拈着清冷的流年碎影。

那一天，姑姑来敲她的门，张爱玲慵懒地开了，才知道母亲要回来。也不惊，母亲的来去，也似与她无关。但她依然随了姑姑，去了码头，见了母亲，依然不惊，淡淡地叫一声。

母亲应了，也是应得轻浅，脸色有些凌厉。

曾经那么地疼爱，更有这长久离别，竟然是这样疏离，母亲黄逸梵心是有些怒的。

母亲回来，与姑姑，与张爱玲，还是从前那样同在一个屋檐下。但那纵横的壁格里，他们各处一室，虽有声息相闻，但少有促膝谈心。张爱玲更是一如既往地窝在房间里，不问窗外日出日落。

母亲终究是母亲，是柔情的，心硬只是刹那。

那天，黄逸梵敲开张爱玲的门，坐在床上说起胡兰成，问：“你还在等他吗？”

张爱玲笑着答道："他走了。他走了当然就完了。"

张爱玲一笑，倒是母亲的心情轻松了一些，觉得女儿还算明媚。

有一次，也不知道因了怎样的事，大家心情很好。黄逸梵和张爱玲坐在一起吃蛋糕，房间里，满满的是那甜甜的味道，气氛刚好，让母女二人多了些难得的融洽，就东东西西说些体己的话。

忽然，黄逸梵抬起头来盯着张爱玲，说："我看你也还不是那十分丑怪的样子，我只要你答应我一件事，不要把你自己关起来。"

然后，又低声自话道："从前那时候倒是有不少，刚巧这时候一个也没有。"她，还是牵挂女儿的婚事。

来来往往的，黄逸梵奔波海内外，对于张爱玲是有些忽略。其实，张爱玲也享受这种忽略，她就是这样独自，独自到自私，独自到在外人看来的生冷。

此时回来，黄逸梵发现女儿长大了，应该嫁人了。的确，哪个母亲不希望自己的儿女早日牵手情缘，真爱百年。

漂泊一生的黄逸梵，情感里波浪起伏，她，更渴望张爱玲安稳一生，当然，还有她的儿子张子静。

决绝 叁

从此，她和他再无相见。

胡兰成幽居在斯家楼上，虽然有范秀美如月亮一样相伴，照一屋的柔媚。可阳光明澈是别人的，花香鸟语是别人的，他偶然打开窗子向外望一眼，都是慌张的。

胡兰成曾经允诺张爱玲，愿使现世安稳，可他又给过谁实实在在的安稳呢？他一路走来，都是痴念地追求女人，从没有过安守一方。

诸暨，胡兰成虽然说与佛相遇，有了许多的开悟，但他依然不会打坐苦修，只是把文字摩挲得更加圆熟了。这所谓的安静，不过是无奈的困守，一觉察到可以投机的机会，他马上就会长身而起，急不可耐地扬长而去。

对于范秀美，胡兰成说“更爱她了，可也不会长相守，也没想过长相守的”。说起这段，很意味深长，他还写道：“我心里亦想将来团圆，如若不能，我亦真心真意地做过人。今生无理的情缘，只可说是前世的一劫，而将来聚散，又人世的事如天道幽微难言。”

惹一段孽缘，却说种一树菩提。这就是胡兰成。

渐渐地，形势似乎有些晴好的意思。躲在斯家终究不是长久之计，胡兰成决定再去温州，那边的环境的确更好一些。

或许不想太过惹眼，这次，范秀美并没有跟从，虽然他们两人的事已经算不得秘密，但关键时刻还是要有些必要的遮挡，给斯家一个脸面。

借道上海，胡兰成应该是故意而为，自然是必须按响张爱玲家的门铃。然而，他并没有去相距并不远的美丽园新村看一眼。那里，是他实实在在的家，侄女在，儿女在。

这事，胡兰成是这样解释的，他说：“徐步奎有好语：‘把绿色还给草地，嫩黄还给鸡雏。’青芸亦是把我这叔叔，我亦是把青芸与儿女来还给天地，把眼前与未来还给岁月。忧患唯使人更亲，而不涉爱，爱就有许多悲伤惊惧，不胜其情，亲却是平实廉洁，没有那种啰唆。”

张爱玲这里，他却不想还给天地，还给岁月，只一味地啰唆。

相别又是经年，张爱玲的心上已经满是冷尘。

胡兰成这次来，她虽然心事浮动，但实在是不能回到曾经。那些灯影里的四目情深，那些午夜里的心扉流韵，都已经没有。

相坐，彼此分明。

胡兰成依然用他一贯的伎俩，说出他和范秀美的诸多缠绵。在他心里，只要坦诚，别人便应该接纳，并为他的所谓坦诚而感动。尤其是在女人面前，他一直这样。

张爱玲默默不语，就似听风一样。这里，胡兰成也觉得无话再可说，就掏出了一张小照片，递给张爱玲，说是小周的。

张爱玲接了，照片皱皱的，在指尖上有些不爽。她看一眼，那里是一个"圆嘟嘟的腮颊，弯弯的一双笑眼"的少女。胸，特别地丰满。

胡兰成本是有些紧张的，以为张爱玲会怒气冲冲地撕了。

张爱玲没有怒，平静地把照片还了回去，也没话说。

胡兰成又说起书稿的事，问那"武汉记"看了没有。张爱玲终于是说话了，但只一句，冷冷地一句："看不下去。"

那书稿里，满满都是他和小周武汉日子里的好，这，竟然让张爱玲来评说，胡兰成真能想得出来。

忆起这里，胡兰成后来写道："因我从不想她会妒忌，只觉得我们两人是不可能被世人妒忌或妒忌世人的，我是凡我所做的及所写的，都为的从爱玲受记，像唐僧取经，一一向菩萨报销，可是她竟然不看，这样可恶……”

真是黑白颠覆，倒是谁可恶。

那夜，他睡了她的卧室，她睡了自己的客厅，两两已成客。

早晨，胡兰成来到张爱玲的榻床前，亲她。张爱玲一下子从被窝里伸出了双臂，环住了胡兰成的脖子，瞬间已经满脸是泪，低低地唤了一声：“兰成。”

张爱玲说：“他们的过去像长城一样，在地平线上绵延起伏。但是长城在现代没有用了。”

这一哭，万事已经崩塌，是留恋之后的决绝。

数天之后，胡兰成抵达温州，回味到张爱玲那一哭很有些别情的意思，就接连发出了几封信，他说：“相见休言有泪珠……你不和我吻，我很惆怅。两个人要好，没有想到要盟誓，但是我现在跟你说，我永远爱你。”

胡兰成意识到两人的情感有可能要穷途末路了，终于说出了一句永远。在他这里，还没向哪个女人说过。张爱玲这样高贵，独一无二的才情女子，他毕竟要高看一眼。在以后的回忆文章，他也是这样的心态。

温州，胡兰成以张嘉仪之名，说是张佩纶的族人，到处游走，终于经人介绍进入了一所中学教书。日子渐渐安稳。在这里，他开始了

《山河岁月》的写作。文稿中的很多语句“竟然像爱玲的”。的确，写这书是张爱玲给他带来的灵感。后来他也说，没有张爱玲，就没有他的《山河岁月》。

温州的胡兰成，渐渐有些志得意满，说：“将来再出中原亦有了新的机缘，那时我有《山河岁月》这部书与世人做见面礼，这部书我现在一面写，一面生出自信。我是梅花尚未见蓓蕾，就先已意思满满，急得要告诉爱玲，只因我为来为去都为她。”

5月，他满怀暖暖的一团喜气，给张爱玲寄了信。但一去杳杳，却无回音。

终于等到了张爱玲的回信的时候，已经是第二年（1946）的6月。信中说：“我已经不喜欢你了。你是早已不喜欢我了的。这次的决心，我是经过一年半的长时间考虑的，彼时唯以小吉故，不欲增加你的困难。你不要来寻我，即或写信来，我亦是不看了。”

信里说的小吉，是小劫的隐语。

随信寄去的，还有三十万元。这些钱，是张爱玲最近两部剧本的稿费，一部是《不了情》，一部是《太太万岁》。这也是张爱玲最后一次寄钱给胡兰成。

钱，是张爱玲高贵的身姿里，最世俗的直接了断。

至此，她和他再无相见。

只是那一张婚帖，倒也没有撕作两半，压在张爱玲的箱底，没有拿出来过，但已然如撕裂了一样。岁月风疾雨骤，不知飘摇到了何处。

张子静在《我的姐姐张爱玲》里，有这样一段回忆：“龚之方记得1947年6月9日上海遭遇狂风暴雨侵袭，低洼地都积水；南京路的明华百货凉棚被吹走，交通中断二十四小时；吴淞口外的渔船，被风吹翻了一百多只，上海损失惨重。”

如果张爱玲那封诀别信，是在6月狂风暴雨中写的，那心情该有多凄惨?

那时上海如海，汪洋一片，如那末日的异象，张爱玲的心是沉沉的，觉得她和胡兰成也是这末日样子。既然是末日，就给一个末日一般的交代吧。

在电闪雷鸣里写下的文字，胡兰成当然感受到了震动，但他不惊讶，他伤了张爱玲，她如此发恨理所应当。一年半前，正是那窄而深的巷子里，张爱玲让他在她和小周之间做选择，他只是言语闪烁，不肯明了。胡兰成今天才懂，张爱玲那时就已生疏离。

信的震动，让胡兰成觉得满屋子里都是压抑。他走出去，院后的那些瓜果蔬菜，让他心情舒缓了一下，他觉得也应该让张爱玲缓一缓。信，是不可以急着去的。几天之后，他才给炎樱去了封信，他说："爱玲是美貌佳人红灯坐，而你如映在她窗纸上的梅花，我今唯托梅花以陈辞。"

炎樱看了信，没回。还有谁最懂张爱玲的品性，怕也只有她了。回信，是真真的多余。

"也许每一个男子全都有过这样的两个女人，至少两个。娶了红玫瑰，久而久之，红的变成了墙上的一抹蚊子血，白的还是'床前白月光'；娶了白玫瑰，白的便是衣服上的一粒饭黏子，红的却是心口上的一颗朱砂痣。"

张爱玲早已看得透彻，自己遇了这样的情感，却不能斩钉截铁，几番别去，几番留恋，是如此摇摆不定。唯此时，才决绝转身。

胡兰成虽然长长地叹一声苦楚，但他却不徘徊，一路山河行走，招惹着各色的玫瑰，甚至其他。

不过，对于张爱玲，他说过这样一句话："爱玲是我的不是我的，也都一样，有她在世上就好。"

在他心里，他遇的女子，都为他一生摇曳最好。

多年之后，胡兰成再回上海，又按响了爱丁顿公寓的那个门铃，只是物是人非，张爱玲和她姑姑已经搬往他处。

胡兰成依然念想，周折追寻，多年之后，终于从美国传来了音信。他当即写了一封长信，诉说着相别之苦，一同寄出的，还有《山河岁月》。几分炫耀里，盼张爱玲回头。

张爱玲倒是回了音，是简短干脆的小笺："兰成，你的信和书都收到了，非常感谢。我不想写信，请你原谅。我因为实在无法找到你的旧著作参考，所以冒失向你借，如果误会，我是真的觉得抱歉。《今生今生》下卷出版的时候，你若不感到不快，请寄一本给我。我在这里预先道谢，不另写信了。"

人各一方，情各一方，无相望，无相念，心归云淡风轻，唯愿岁月静好。

张爱玲曾在她的散文《有女同车》中这样写道："女人……女人一辈子讲的是男人，念的是男人，怨的是男人，永远永远。"

这是早年的张爱玲，那时她还尖锐，满满的都是恨铁不成钢的味道。

风雨经年又经年，张爱玲已经脱去华服，素身素心，清水无尘。

第七章 故事还长着呢

壹 有始无终的一段情

桑弧转身而去，娶了一个素淡的女子，只留给张爱玲一个背影。

1946年，上海。

张爱玲受胡兰成拖累，恶名滔滔，压力重重，在旋涡里挣扎，一段时间里，她沉寂了。

好在，她有了与桑弧的相遇。

1946年8月，毕竟还是夏天，但那并不算一个热烈的相识，更不是很多人想象里的邂逅。

桑弧，原名李培林，上海人，原籍浙江。《灵与肉》是他的剧本处女作，后来他又导演了电影《教师万岁》，但事业上一直不愠不火。

那天，桑弧在家中宴请文艺界精英。这邀约里，似是因为朋友的介绍，就有了张爱玲。席间，宾客们谈笑风生，只有张爱玲默然一隅。

那时，张爱玲已经很少在喧闹的场面里走动。因为政治风潮的影响，她常窝在家中，几近抑郁，不过以自己的文字疗伤。但那文字，也仅仅是自己的文字。

因大环境的影响，“以前常常向她约稿的刊物，有的关了门，有的害怕沾惹‘文化汉奸’的罪名，也就不敢向她约稿。她本来就不多话，关在家里自己沈潜，于她而言，并非难以忍受。不过与胡兰成的不确定，可能是她那段时期最深沉的煎熬”。

当时，《万象》杂志虽然已经停刊，但柯灵依然是文艺界里活跃的人物。他再次想起了张爱玲，将她介绍给了导演桑弧。

电影剧本，张爱玲实在没有写过，尽管桑弧一再邀约，她都很犹豫。另一位重要人物，时任文华电影公司的负责人龚之方，及时出现了。他的盛情，让张爱玲终于打消了种种顾虑，爽快地答应道：“好，我写。”

张爱玲许久没有发出过这么痛快的声音了。仅仅这一句，就似打开了张爱玲淤塞了的情怀。

剧本创作得非常顺利，短短的时间里就交了稿，剧组人员及时到位，电影迅速杀青。一上映，更是一炮走红，轰动了整个上海滩。

这就是文华影业公司的创业之作《不了情》，编剧张爱玲，导演桑弧，男主角刘琼，女主角陈燕燕。

《不了情》的巨大成功，让张爱玲倍受鼓舞。于是张爱玲与桑弧再次合作，很快又推出了第二部电影——《太太万岁》。

两部电影的热映，让年轻的桑弧一时成为导演界的翘楚，更让沉寂流年的张爱玲，抖去灰头土脸的尘烟，文艺地回归人们的视野。

张爱玲又炙手可热起来。《大家》月刊创刊号，隆重推出了她的散文《华丽缘》，紧接着，又连载由电影《不了情》改编的中篇小说《多少恨》。

张爱玲终于挣脱了那冰封样的压抑，透出了长长的一口气。似乎为了证明自己不是那“没有好结果的奇迹”，她再版了自己的《传奇》。

推出《传奇》增订本，张爱玲精心谋划到每个细节。编排、校对、印刷，无不仔细了又仔细，并请好友炎樱重新设计封面，更是邀约了金石名家为其题写了“张爱玲传奇增订本”八个厚重的楷体字。

“书印好之后，张爱玲带了图章来，每一本版权页都盖上她的图章。一共印了三千本，盖章盖了很久，可是她一点也不马虎。”

饱受舆论蹂躏的她，太需要这样蓄力已久的呐喊来证明自己依然是那传奇。而这呐喊里，她更期待的是剖心的辩白。

她在《传奇》增订本的自序里这样写道：

“我自己从来没想到过需要辩白。但是一年来常常被议论到，似乎被列为文化汉奸之一，自己也弄得莫名其妙。我所写的文章从未涉及政治，也没有拿过任何津贴。……

至于还有许多无稽的谩骂，甚而涉及我的私生活，可以辩驳之点本来非常多。而且即使有这种事实，也还牵涉不到我是否有汉奸嫌疑的问题……”

短短四百多字里，她直面现实，铿锵而言，还是那向来锐利的思维。

张爱玲和桑弧的合作，是成功的、愉快的，这男女编导之间频繁的接触，难免不让人生出些香艳的想法来，并迅速弥漫在街谈巷议里。一些大小报章，更是推波助澜，版面上，常常横斜出一枝桃花样的文字，那里，正是她和他。

那文字，没有犀利的恶意，是柔曼的，让很多人深信不疑。

这事，朋友也觉得可以。

张爱玲和桑弧，一个编剧，一个导演，在任何人看来，都是珠联璧合的一对佳人。

果然，就有朋友来撮合，言语并不直接，只是婉转地说，桑弧

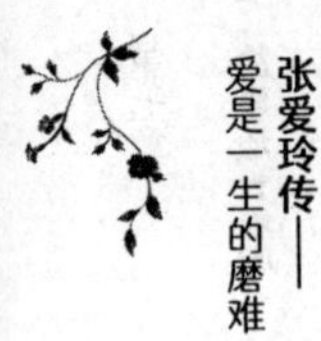

三十岁，你张爱玲二十六岁。

许多时候，真的不需要点破，点破常常让人进退两难。

张爱玲是怎样的冰雪聪明，她不是不懂，却没有回答，“而是摇头，再摇头，三摇头”。

朋友也摇着头悄然退去，以为这是拒绝。

再有人说起张爱玲和桑弧，他总是断然否定。他其实没有懂张爱玲的挣扎。与胡兰成的纠葛是那样刻骨，她怎肯轻易？

张爱玲和桑弧，到底是怎样的一段真实相遇呢？

张爱玲在后来的《小团圆》里说：

“他拥着她坐着，喃喃地说：‘你是只猫，这只猫很大。’

……

她觉得她是找到了初恋，从前错过的一个男孩子。她略大几岁，但看上去比她年青。”

这他，是燕山。

《小团圆》中又说：

“这天他又来了，有点心神不定地绕着圈子踱来踱去。

九莉笑道：‘预备什么时候结婚？’

燕山笑了起来道：‘已经结了婚。’

立刻像是有条河隔在他们中间汤汤地流着。

他脸色也有点变了。他也听见了那河水声。”

这燕山，就是桑弧；这九莉，都知道正是张爱玲。更多的文字里，他们是相爱的，还爱得深沉，而最后，他们的情感里，有了银河迢迢的相隔。

桑弧，是一个有为的男子，却不是一个刚强的男人。张爱玲是大才的，但身份终究有些特殊。

迫于家庭的压力，桑弧转身而去，娶了一个素淡的女子，只留给张爱玲一个背影。于张爱玲，这背影是伤感的，却是美好的。

后来张爱玲说，多亏那时候有他。

桑弧给张爱玲的是初恋的美好。他们曾经相拥坐在台阶上，像两个惶惶不敢回家的孩子。她说他们是“两小”，他点头，也说是两小无猜。

岁月流转，往事都一一远了，但我们依稀能想象到，上海的街头，两个并行的背影，亲切又疏离，且近又且远。

应该是为了忘却，至少是为了告别，张爱玲搬离了爱丁顿公寓，在京华新村选择了一处房子。

她要重新开始。

胡兰成再去老地方找她，自然是不会找到的。这，算是告别了。

在新的地方，她和桑弧，却没能重新开始。

渐行渐远

父亲，母亲，女儿，儿子，零落四方。有谁相信这样一个家庭也曾那么富贵？

母亲黄逸梵的回归，并没有让家里融洽起来，张爱玲和姑姑和母亲，各居一室，吃饭都很少同坐在一起，偶然的一次，大家也少有言语，空气里弥漫的，满是尴尬味道。

三个人，三粒琉璃球，各自运动着，轻轻碰在一起，又漠然地弹开来。各人有各人的旋转，各人有各人的安静。

黄逸梵是想亲和一些的，长久的海外漂泊，她已经实实在在地渴望家的安稳了。所以她的举止里，偶然会泛起柔软的毛绒来，想暖一

暖女儿，也希望女儿能还一还这样的暖。

张茂渊问黄逸梵在异国他乡相遇的几个男人待她可好。她叹息地回答说：不再年轻，他们待她也仅仅是性。

没爱的远方，哪抵得了还有念想的故乡呢？这次回来，黄逸梵将自己的一切都带了回来，满满的十几个行李。她觉得自己不再年轻，是真心想住下来的。

对于母亲柔软的表示，张爱玲虽然还是一如既往地冷漠，但内心还是有所反应的。

一次，张爱玲的脚踝上鼓起了一个脓包，黄逸梵给她剪开，细致地收拾着脓血。这在以前，是绝对不可能的——张爱玲一定会急速地闪开去，说自己一切都会。然而，这时候，母亲手指的摩挲，竟然让她感觉那么心定。

这，只是偶然的一刹那。

那天，《太太万岁》电影公演，母亲黄逸梵看了特别高兴，说她也可以写成一部书。那意思，她这位太太的经历，不比这电影差。

其实，黄逸梵的人生，却更像一幅画，海天一色的蓝里，一叶小舟，红色的帆，是归心，也是向远，摇摇晃晃着。

张爱玲才是一部书。她的书页，像一匹绸缎，揉搓，再展开；展开，再揉搓，反反复复，依然是华美的质感。

张爱玲依然是冷漠的，有时竟然生硬。那天，她拿出两根金条，递到母亲面前，说是还她，还她曾经为她的付出。

二两黄金，了断所欠。张爱玲就是这样果断到无情。

黄逸梵自然不肯要，以为张爱玲只是一种客气，可她看到女儿坚决的眼神，她惊讶了，甚至是一度失声痛哭。

二两黄金，就可以买断母子亲情，这是不可想象的。

张爱玲或许想的不是这些，可母亲黄逸梵不可能不想到这些。这一刻，她绝望了，明白了张爱玲是不可相依的，上海是不可相依的了。

黄逸梵转身又收拾起自己的十几件行李，奔向了码头。

儿子张子静让母亲留下来，黄逸梵的回答是，上海太脏了，太乱了，她没法适应。

她在这里长大，她在这里嫁了，又在这里生儿育女，今天，又怎么就无法待了呢？这，应该不是理由。真正的理由在她心里，她没有和谁说过。其实，又有谁可以说呢？

码头上，黄逸梵忽然转身，将行李打开来，让张爱玲挑一件首饰，给张子静也挑一件。那时，张子静在扬州工作，没能来送行。

一向对行李的包装非常严谨的黄逸梵，竟然在码头将箱包打开来，是非常异样的。或许她是不想走的，让这散乱的行李来耽搁自己

的行程，就算耽搁一会儿也好，让她再多看一眼她曾经的上海；更或许是她渴望张爱玲说一声，母亲别走。

没有人能懂，张爱玲也没懂；也许她懂了，却不想说。

父亲张廷重那里，自从那年为了大学学费的事去小坐了十几分钟，张爱玲就再也没有去过了。只有弟弟来，偶然说些家里的事。她无心听，也无心问。张子静告诉张爱玲，父亲和后母依旧沉溺在鸦片的烟雾里，没有维持家用的收入，不得不变卖家具，变卖房产。即便这样，日子依然越来越窘迫。不得不从宽大的别墅，搬进了一处十四平的小屋。那里，逼仄得他们老夫老妻转个身都在碰头打脸，实在容不下张子静。张子静终究是大了，只好借住在同学家中，好在他有了工作，能够养活自己。

张子静的工作，是舅舅家的表姐给介绍的，薪酬还好。表姐也在那家银行。

舅舅家，张爱玲原本是亲近的，舅舅家的表姐也亲，尤其是舅舅格外亲她。那年，张爱玲写《花凋》，正是以舅舅家为背景。文字里对于表姐的病亡，写得凄厉，让人心疼。写到舅舅，她说舅舅“因为不承认民国，自从民国纪元起他就没长过岁数”，是“酒精缸里泡着的尸骸”，这样惊人的言语，让舅舅深感难堪。

舅舅家和张爱玲，就此生了隔膜。若不是母亲黄逸梵这根亲情维系着，怕他们早已断绝关系了。

张爱玲却不怕这隔膜，她与这世间，大都是隔膜到无情，对弟弟张子静也是如此。

张子静，这个因姐姐离开家而哭了许多天的孩子，待姐姐却是最亲的。母亲那样虚无，父亲那么僵冷，相差只有一岁的姐姐，是他触手可及的温暖。尽管姐姐冷漠，他依然小心翼翼地靠近。哪怕姐姐有一点点的欢欣，他也会高兴，就算这和他张子静没有一丝一毫的关系。

姐姐从来都发着光，像他灰暗的年华里的黎明。

姐姐张爱玲的住处，张子静总要来这里坐坐。张爱玲高兴时，他会多坐一会儿。张爱玲忙碌，或者是情绪不对的时候，张子静也就只看一眼，悄悄地退出去，关门，都是无声无息。

那年，张子静和同学们正筹办一份刊物。当时，张爱玲正火，于是张子静求张爱玲给自己创办的刊物写一些文字。

也许在张爱玲眼里，张子静依然是那个唯唯诺诺，躲在角落里的小男孩。她只字未写，冷冷地甩出一句："你们办的这种不出名的刊物，我不能给你们写稿，败坏自己的名誉。"

初涉世事的张子静，是尴尬的，为了给同学们一个交代，他只好亲

自动笔，于是有了《飙》月刊创刊号上的那篇《我的姐姐张爱玲》。

姐姐是写文章的，姐姐是红透上海滩的传奇，是他的骄傲。而他拿起笔来，就有些心疼，直到张爱玲去世，再没写过姐姐。张爱玲离世之后，张子静才和别人合作写了那本《我的姐姐张爱玲》。

一无名家支撑，二无资金支撑，张子静和同学创办的刊物，出到第二期就夭折了。最后这期的封面是蓝色的，张子静回忆说："《飙》也就只好带着蓝色的忧郁向这个世界告别了。"

在张子静心里，这场约稿的风波，充满了蓝色的忧郁。这种忧郁是痛的，却无怨。

张子静依然想走近姐姐张爱玲的身边，因为他不知道还有谁可以靠近。

那天，张子静再次来到张爱玲的家中。

这时候，胡兰成的事已经有了明确的了断，几部电影的编剧也非常成功，更有《传奇》增订本的出版，张爱玲的心情是舒展的，难得有心情和张子静舒展地对坐。

张子静听姐姐说母亲又去了欧洲，心一下子就黯然了。因为在前些时候他还劝母亲留下来，永远别走。

张子静叹息一声，只好转口说起了父亲。

张子静平日在扬州上班，那天回来给父亲捎了些米面，并和父亲在那十四平的小屋里挤了一夜。谁知，父亲竟然将他仅有的一点积蓄从包里搜了去。他问父亲讨要，父亲却说给他存着，怎么也不肯还。

张爱玲听了，就恨起父亲，也怨起后母来。

张子静连忙解释，这实在怪不得后母，都是父亲穷得不顾了情面。

这话题有些太沉重，张爱玲就岔开了话题说了几句，感觉与气氛不搭，也就不说了。

张爱玲曾经有过这样一句话：“没对白可念，你只好不开口。”张爱玲就是这样的人。

张爱玲空空的目光游移着，目光扫到抽屉的时候，才找到了新的话题。

她起身拉开，从中取出一个棉纸小包，交给张子静。

张爱玲告诉张子静，说是母亲留下给他的，母亲希望他结婚的时候，交给新娘。那里面，是一撮小宝石。那宝石实在太小了，对于刚刚被父亲搜去所有积蓄的张子静来说，也说不上来有什么帮助。可张子静是狂喜的，因为这是母爱。这爱于他实在太稀缺了。他，哪能不惊喜?

张子静只比张爱玲小一岁，早已到了谈婚论嫁的年龄，却从没有一个人提过。忽然就有人说起“新娘子”三个字，而且是母亲提起的，他就感觉到了明媚，心里涌起了一团喜气。

只可叹，张子静的一生是孤独的，就是这样一小撮宝石，他到死

也没能有机会交到新娘子手中。这是后话。

张爱玲还告诉张子静，母亲给自己的是副翡翠耳环。

张子静点了点头，眼里满是期盼，希望姐姐拿出来让他看看。张爱玲却坐在那里没有动。张子静没有开口，他还想在母亲留下的物件里，感受些更多的情感。然而，他已经很满足，他没那么贪心，一点光，一点暖，一点点爱，足以让他刻骨铭心。张子静的心，需要这光，需要这暖。

姐弟俩坐着，又是一阵小小的沉寂。

那小宝石，亮着淡淡的光彩。

为了打破这尴尬，张子静起身笑了笑，将那宝石取起，精致地包了包，放进了贴身的衣兜里。

弟弟走了。

张爱玲拿出那耳环，在耳朵边比来比去，只是头发太长，总是遮住。

这耳环，有耳朵眼才能戴，张爱玲没有。

不过，去匠铺里让师傅装一个按钮也可以。张爱玲却没去，耳环就一直就在那棉纸里包着。只是，打开抽屉，常常碰触到，每一次碰触，都有一种心痛的感觉，让她无法不想起母亲和弟弟。

这痛，她不想承受，她无力承受。

那天，姑姑陪张爱玲去首饰店。柜台上本来干干净净的，张爱玲却将那儿擦了又擦，才把耳环放在上面。经过一番讨价还价，终于是卖掉了。张爱玲收了钱，木然地转了身。

走在街上，姑姑张茂渊异常地兴奋，不住地说价钱卖得不错，真是不错。

张爱玲只是淡淡地一笑，一直看着前方。

“因为他们知道我不想卖。”这话，张爱玲没有说出口，只是在心里默默地想。忽然，又想起自己在镜子面前摆弄那耳环。

舍，却有一种留恋；而留恋，又不得不舍。

张爱玲看似冷硬，是因为太会隐藏。你只看见她一路行走的样子是生硬的，却不知她在无人的夜里，用眼泪独自粘好透心的裂痕，无从感受她那苍凉的痛。

无奈与挣扎

新的时代，张爱玲也试着变革自己的文笔，但是无法做到游刃有余。

电影《不了情》和《太太万岁》的公演成功，《华丽缘》和《多少恨》的发表，还有《传奇》的再版，一时纷纷扰扰的热闹，仿佛收获的秋日，那喧闹也是沉甸甸的。

然而这一切不过是一场烟火，那光华并没有闪耀太久。日子，很快又归入了沉寂。

黄逸梵去了欧洲。

桑弧去了一个花样女子身边。

胡兰成！？是的，还有胡兰成。他后来匆匆地逃去了香港。了断之后，张爱玲再也没有梦见过他，只是偶尔会无端地疼痛一下。

总之，这段时光张爱玲是沉寂的。陷入了瓶颈，日子窘迫些很正常。张爱玲和姑姑张茂渊又搬家了，搬入了更窄一些的卡尔登公寓。京华新村的“新”，短暂得就像春末的景致，没有延续成夏天的茂盛，就一下子到了秋。

一次搬迁，就似一种暗喻，张爱玲在卡尔登公寓里，又迎来了新的转机。

1949年5月27日，上海解放了。

上海这座百废待兴的城市，极其需要文艺的复兴。当时，上海的报刊，因为炮火的纷扰，大部分停刊了。往日那些上海小报文风低俗，偏爱搬弄是非。

这时候，《亦报》悄然问世。

《亦报》一问世便积极向文艺界的名家、大家约稿，这份小小的报纸，呈现出一种崭新的气象，像一缕春风，吹向了上海的街头。

张爱玲，也收到了报社主要负责人的约稿。

1950年1月，那是一个新世界的早春，《亦报》开始连载长篇小说《十八春》，作者是梁京。

《十八春》既旧又新，既说从前又讲当下，那曲折悲情的故事，一下子就打动了广大读者。

小说写的是一个寒美的女子和一个富贵子弟的倾城之恋。原以为一双佳人相遇了，就会鸾凤和鸣，岁月旖旎。谁知，造化弄人，二人匆匆一别，再相见，竟然已是十八年后。更让人悲叹的是，一个自信铮铮真情还在，一个却自知污了清白，再不配冬去春回。“我们回不去了。”一句低声的抽泣，却是千般的撕心裂肺，让多少人扼腕摇头，泪湿衣襟。

上海，还有谁有如此惊艳夺魂的才华?

很多人猜测着，一些用心的读者猜到了张爱玲。

《十八春》的成功，并没让张爱玲兴奋起来。她，并不满足，反而对这部作品进行了一次又一次修改，于是就有了后来出版的《半生缘》。半生缘，三个字，倒也更应了主题。半生如梦，半生如空，错过那一刻，就错过了半生。《半生缘》是张爱玲的第一部完整的长篇小说，格调雅致，就像青花瓷。天青色模样的宁静里，素的她，雅的她，是那烟雨里的不染，如动如静，沉香悠然。

半年之后，张爱玲动笔写了《小艾》。这部中篇小说依旧在《亦报》上连载，但远远不如《十八春》的反响好。

1952年7月，张爱玲向香港大学提出了复学读书的申请，很快就得到了回复。

没有惊喜，也没有伤感，张爱玲默默地收拾着行李。

姑姑张茂渊终究是不舍的。

张茂渊拿起一件旗袍，张爱玲说，不带。

张茂渊拿起一罐红茶，张爱玲说，不带。

“其实，我什么也带不走。”

张爱玲沉着头，低低地说。两人忽然就依在了一起，再没有话说。

其时，在郊区乡下教书的张子静，是忙碌的，更因为有些偏远，很少回到市里。

那天，张子静终于回来了，便兴冲冲地赶到了姐姐的住处。开门的是姑姑张茂渊。张子静说要见见姐姐。张茂渊只淡淡地说了一句：“你姐姐已经走了。”还没等张子静回过神来，那门已经关上了。

张子静愣在那里，本想再次按响门铃，最终还是收回了伸出去的手。他知道，这是徒劳的。他，转身一步一步下了楼梯，最后实在忍不住，终于哭出了声。

这个大男孩，站在风里，满脸泪水。

张爱玲离开了。

肆 再赴香港

十年烟雨，十年匆匆，张爱玲第二次来到香港。

拿着香港大学的复学证明，张爱玲回到了香港。

那感觉，既熟悉，又陌生。熟悉的，是一楼又一楼的高低参差，一街又一街的纵横交错；陌生的，是她自己——初识香港的时候，她人如玉，神如玉，青春正满身，今天再相逢，她人无奈，梦无奈，沧桑渐满心。

当张爱玲站在香港大学里，身边穿梭的是俊男靓女们的身影。三十二岁的她，本来就瘦瘦高高的，显得更加瘦高了，突兀而碍眼。

人，最敌不过的，就是岁月。当青春散尽，当芳华式微，叹息就来了，疲惫就来了。

时间，一晃已是十年。

张爱玲离开上海时，好友炎樱也离开上海去了日本。

那年的校园，有炎樱陪着她。今天的香港，可有谁陪？

仅仅过了一个学期，张爱玲就向学校写了暂时离校的申请。

离开香港，张爱玲去了日本。

不知道，这次远行，是炎樱邀请了张爱玲，还是张爱玲求助了炎樱。这次离开，是悄然的；而后的归来，也是无声的。这一来一去，神秘而匆忙，没有谁透露过细节。张爱玲没有说过，炎樱也没有说过。

她们东瀛的相遇，到底发生了些什么？直到今天，说起这段，人们也只有纷纷扰扰的猜测。

张爱玲曾经说：

“在这个世界上，恐怕只有炎樱能买到我满意的围巾了。炎樱是无法替代的。可能，任何人都无法替代。”

那时，张爱玲的衣着装扮，图书的装帧设计，封面和插画，诸多惊世骇俗的美，大都出自炎樱的奇思妙想。可是，现在呢？曾经的围巾早已丢了，也没有了那个买围巾的人。只有冷硬的风，一路绕着张

爱玲的脖颈，越绕越紧，越绕越紧，让她的声音一天天喑哑。

从日本回来，张爱玲终于知道，校园是真的回不去了。香港大学因为她无端草率地离开，剥夺了她复学的权利。

香港大学的决定，对张爱玲并没有什么影响，她没有伤心，也没有慌乱。几十年的风雨兼程，她已经学会了用双臂抱紧自己取暖。

学校回不去，张爱玲住进了香港基督教女青年会，这里，可以免费住宿。但日常的生活还需要有一定收入的维持。

张爱玲不像母亲黄逸梵那样，有一件又一件的旧物可以变卖，更不会像她那样结交一个又一个男人。

张爱玲，是独立的，是自强的。

恰好当时，美国驻香港领事馆新闻处（美新处）招募翻译，张爱玲前去应聘，很顺利地谋到了这份差事。

张爱玲的中英文功底十分深厚，是常人难以企及的，这份工作对她来说倒也从容，很快就顺利将《老人与海》《睡谷骑士》《爱默森选集》等等翻译完成。翻译外国作品，张爱玲虽然说不上喜欢，但也不反感，况且她需要赚钱养活自己。

对于一个写作者，尤其是一个写作天才，成为别人作品的译读机和誊写器，是枯燥的，甚至是痛苦的。张爱玲曾经对朋友这样说：

“我逼着自己译爱默森，实在是没有办法。即使关于牙医的书，我也会照样硬着头皮去做的。”

她还说：

“译华盛顿·欧文的小说，好像同自己不喜欢的人说话，无可奈何，逃又逃不掉。”

这时候的张爱玲是挣扎的，特别是翻译那些她不喜欢的文字。好在，她还有自己的文字。

在香港，张爱玲虽然不惹喧哗，做着常人所做的一份工作，但这里仰慕张爱玲者不少，于是，她工作或住处的门，常常被叩响。张爱玲是简静的，更是孤独的，她需要乡音和乡情的滋润，她一一接待。

在这往来的人群里，也有惊喜。就是这时候，张爱玲结识了邝文美，以及宋淇。

邝文美，香港作家，翻译家，笔名方馨等。

宋淇，原名宋奇，浙江兴人，文艺评论家、翻译家。

邝文美和宋淇是夫妇，20世纪40年代居住在上海，经历了张爱玲文笔倾城的盛时，可以说是她的仰慕者，只是当时张爱玲深居简出，没有时机遇见。如今在香港一见，相谈甚欢，从此成为知心挚友。张爱玲更是视这段相遇为一生的真情，以致临终的时候，张爱玲将让自己身后的一切都托付给了邝文美夫妇。

香港，可以说是张爱玲繁华落幕后的宁静，宁静期的张爱玲是孤独的。因为生计所迫，加之不善于交际，那些无奈翻译的工作，占据着张爱玲的生活。

邝文美的出现，是那样及时，让张爱玲少了异乡的无助。

为了给予张爱玲更好的照应，邝文美夫妇给张爱玲在自己居所不远的地方租了一个住处。在这张口有呼应，触手可相亲的距离中，她们频繁地来往着。邝文美成了张爱玲这段日子里，一抹朝阳的亲近，一抹热茶的暖心。

张爱玲是幸运的，过去的香港，张爱玲有炎樱；今天的香港，张爱玲有邝文美。

香港是多风的，那风，吹散了张爱玲书桌上的文字。

在这少心无力的日子里，张爱玲再次望向了窗外渺茫的海，一时仿佛看见母亲的背影，心底就涌出了伤伤的低语，低到她自己都听不真切。

张廷重去世了，享年五十七岁。

张爱玲没有回音。

张爱玲拒绝了亲情和友情的种种呼唤，让四围的海浪侵蚀自己的柔软。都说，张爱玲冷漠到决绝，可她还是有留恋的，所以她在香港徘徊了三年。

第八章 后半生

远方 壹

早年间，张爱玲乘船来到香港，又乘船回到上海。今天，她又将会乘船而行，但这一去不是回上海，如今她的心里只有远方。

深秋时节，克利夫兰总统号邮轮一声长笛，缓缓驶离了香港码头。那长笛，几分激动，几分乡愁。

甲板上，与海风齐飞的，是张爱玲的衣衫。

说好不回头的，可是张爱玲还是回头看了一眼。香港有她值得留恋的邝文美。总以为自己早已风雨不惊，可这一回头，却又是满心的红尘。她一直站在那里，望着船尾的方向。

1955年10月25日，邮轮中途停靠，张爱玲迫不及待地将信寄了出去，信中她对邝文美说：

“直到你们一转背走了的时候，才突然好像轰然一声天塌了下来一样……喉咙堵不住了，眼泪流个不停……认识你以来，你的友情是我生活的core（核心）。我绝对没有那样的妄想，以为还会结识到像你这样的朋友，无论走到天涯海角也再没有这样的人。”

当时邮轮中途停靠日本，张爱玲也一定想到了炎樱。她还是渴望见到那个熟悉的身影吧，可是岸上熙熙攘攘的人流，上哪里去找。张爱玲倚着舷窗，心事翻滚。其实，张爱玲不知道，这时候炎樱已经离开了日本，去了更远的地方。

一声长笛，邮轮缓缓抵达了终点——旧金山。

旧金山是一座位于美国西海岸的旅游城市，也曾是淘金者的圣地，但这里却不是张爱玲想驻足的所在。张爱玲无心于旅游，更不可能去淘金。

穿过长长的旧金山大桥，张爱玲奔向人生的下一站——纽约。

纽约是美国最大的港口城市，是名副其实的大都市，商业是它的呼吸，艺术是它的气质。有繁荣任你百般奋斗，有休闲凭你百般自

在。这里还有时代广场、百老汇，是的，还有唐人街，让华人遍地乡愁的喧闹之地。还有，纽约多像张爱玲曾经驻足过的地方，上海，香港，甚至天津，都是靠海而筑的城，一半是海风，一半是骄阳，有张爱玲适宜的气候和地理。

然而，这些都不足以留住张爱玲。

谁都没想到，连张爱玲都没想到，让她驻足的竟是她。

此刻，纽约有一个人正等着张爱玲，她就是炎樱。

纽约的相见，让张爱玲和炎樱仿佛又回到了最初的香港，以及后来的上海。她们俩说着别情，说着心事，说着过往；她们同宿同行，在喧闹里亲近着，在宁静里享受着。张爱玲和炎樱是相宜的，毕竟彼此是最熟悉的那个人。之前那莫名其妙的嫌隙，怎么会断了彼此的往来？从前的亲密无间，岂不都成了虚景幻象？

炎樱的陪伴，让原本心如死灰的张爱玲像重新活过来一样，使她轻轻地撕开茧衣，想认真地探视这个世界。

那时。胡适正在纽约。

于是张爱玲决定去拜访胡适先生。陪张爱玲一起拜见胡适先生的，当然是炎樱。

张爱玲来了，胡适非常高兴。

据说，胡适和张爱玲原就有交情。

张爱玲的祖父张佩纶，和胡适的父亲胡传是故交，都曾在对方最困难的时候伸手帮扶过。到了后辈这里，彼此间仍有些来往，胡适和张爱玲的母亲和姑姑还曾有过同桌打牌的闲逸。胡适与张爱玲虽然交集甚少，但胡适也不见外，觉得甚亲。似乎正是胡适，让张爱玲确定了远方，确定了纽约。

后来，张爱玲又独自去拜访过胡适。她回忆说：

“跟适之先生谈，我确是如对神明。较具体地说，是像写东西的时候停下来望着窗外一片空白的天，只想较近的真实。”

炎樱，真像那樱花，开起来铺天盖地、鲜艳奔放。上海，人缘广；日本，她混得好；今天，移身美国，做起了房地产生意，依然是有声有色。

来到纽约，和炎樱相聚让张爱玲感觉到越来越有压力。从华贵沦落到清寒，张爱玲是无助的，是自卑的。既然繁华不属于了自己，凑热闹是不应该的，她应该知趣地转身，找个僻静的地方。

张爱玲选择了贫民救助的地方当住处。炎樱很惊讶，甚至有些恼怒。可张爱玲只留给她一个微笑，一个秋风样的微笑，转身走进了那萧索的公寓。

门外，只剩下茫然的炎樱。

门内，张爱玲放下简单得不能再简单的行李，轻轻地叹了一口气，忧伤而解脱。

混乱而死寂，嘈杂而腐败，张爱玲将自己置身在这样的环境里，不念前生，不想来世，任灵魂沉降，沉降，沉降成一片洼地，蓄满风，蓄满雨，蓄满尘。

那天，一串电话铃声让张爱玲原本沉寂的深灰色房间里陡然就有了波澜。

胡适先生说要来。

张爱玲是感动的。

可是，这住所是空洞、冷清的，空气里迷漫着贫寒的味道，怪怪的有些刺鼻。

胡适来了，张爱玲略显发窘。胡适却笑着，一直说好。

客厅里太暗，甚至影响了他们的谈话，说的和听的，都沉进了那黑暗里。

送别的时候，张爱玲的心却是明亮的，张爱玲回忆得异常细致，她说：

“我送到大门外，在台阶上站着说话。天冷，风大，隔着条街从赫贞江上吹来。适之先生望着街口露出的一角空蒙的灰色河面，河上有雾，不知道怎么笑眯眯地老是望着，看怔住了。他围巾裹得严严的，脖子缩在半旧的黑大衣里，硬实的肩背，头脸相当大，整个凝成一座古铜半身像。我忽然一阵凛然，想着：原来是真像人家说的那样。而我向来相信凡是偶像都有‘黏土脚’，否则就站不住，不可信。我出来没穿大衣，里面暖气太热，只穿着件大挖领的夏衣，倒也一点都不冷，站久了只觉得风飕飕的。我也跟着向河上望过去微笑着，可是仿佛有一阵悲风，隔着十万八千里从时代的深处吹来，吹得眼睛都睁不开。那是我最后一次看见适之先生。”

背影，总是让人感慨、感伤。

胡适先生的背影，就像1948年的上海码头母亲轮船上的背影。只是，一个在风中，一个在海上。一样的以为还有未来，却不想，别去，竟然都成为永远。

1955年的感恩节，胡适夫妇邀请张爱玲家中聚餐，张爱玲非常兴奋。不想，却突然身体不适，错过了这次邀约。之后，在各自的忙碌里，再没有了这样的机会。几年后，胡适去了台北。后来，在一次宴会的演讲后，猝然离世。

张爱玲说，先生无疾而终，是有福的人。胡适更是幸运的人，几番漂泊，却能埋身台北，虽然是隔了海峡望着故乡，可那毕竟是国土。

第二段婚姻

1956年8月，张爱玲答应了赖雅的求婚。

陌生的地方，有一个熟悉的乡音，是令人欣慰的、鼓舞的。

没有了胡适，没有了炎樱，纽约让张爱玲越来越感觉到压抑。她，要离开。

1956年2月13日，张爱玲向新罕布什尔州的麦克道威尔文艺营发出了求助申请。

文艺营批准了她的申请。

旧的行李箱装着旧的物件，着一身旧的衣衫，张爱玲开始了新的远行。

大雪纷飞中，张爱玲瘦高的身影更加形销骨立，独行的脚印，在身后被吹乱在风雪中。《上海往事》里，有这样的身形，只是张爱玲的扮演者刘若英的脸有些浮胖，奔波中的张爱玲，应该瘦削而紧致些，那样会更让人心疼。

3月中旬，张爱玲乘上了开往波士顿的火车，然后，又搭上了一辆巴士。

路是颠簸的，车轮在厚厚的积雪里沉浮，四下里是那么寂静而空旷，让人觉得这样的行程是漫长到永远的，身心颇感疲惫。

终于，那雪的空白里，有了一点深的颜色，就像一个画笔的涂抹，渐渐地扩大来，渐渐地清晰来。

张爱玲意识到，那就是麦克道威尔文艺营了。

她，需要这样一个独处的地方，需要这样苍茫的远方。纽约的繁华，只是别人的，与她格格不入。她明白，唯有自己的笔可以来勾画今后的日子，当然，她没想到涂金染彩。

麦克道威尔文艺营始建于1907年，是由美国著名作曲家爱德华·亚历山大·麦克道威尔夫妇创建的。后来，麦克道威尔去世，他的夫人，一位同样痴迷文艺的女子，依然坚守着这块圣地。许多文艺工作者慕名而来，在此创作交流。据说，美国著名作曲家科普兰声名远播的《阿巴拉契亚之春》芭蕾舞蹈剧，最初的创作就是在这里完

成的。

文艺营是幽美而静谧的，几十幢独立的欧式建筑，疏疏落落地散布在草地、林间、水岸、山巅。文艺营更是文艺的，有严格的规定：早餐之后，大家要各归工作室创作，午餐有专人配送，只有过了下午四点，才是大家活动和交流的时间。

张爱玲在这里是受用的，也是积极的，因为她渐渐懂得，唯有手中的笔，才是她的地老天荒，所以她全身心地投入到创作中去。英文小说《粉泪》也就在此时创作完成了。这部出版时被叫作《怨女》的作品，其实是《金锁记》更细致的改编版。

黄昏，是安逸的而慵懒的，似照进餐厅的那抹斜阳，同时又是有滋有味的，像餐盘里的那番茄酱。

张爱玲和赖雅就在这迷离的光影和滋味里四目相对了。

这不过是人群里的惊鸿一瞥，只因为多看了一眼，就有了第二天的举杯相谈。

她懂他的风趣幽默、童心未泯。

他懂她的知性优雅、锦心绣口。

张爱玲曾经说：

“我一向对于年纪大一点的人感到亲切，对于和自己差不多岁数的人有点看不起。”

那时，张爱玲三十六岁，赖雅六十五岁，就这样，他们有了不错的初相识。

费迪南·赖雅，出生于美国费城的一个德国移民家庭，因为文采和口才少年成名，成年后结交了很多文艺名流，自己勤于创作，著述颇丰。结过婚，有一女，离婚后开始四处旅行，浪迹于世界各地，后来遭遇意外，又两度中风，身体愈来愈差，事业也急转直下，于是住进了文艺营。

赖雅虽然年过六旬，但学识渊博，口才出众，在文艺营中显得卓尔不群，这恰恰让张爱玲痴迷。

张爱玲这样说过：“爱情使人忘记时间，时间也使人忘记爱情。”

相倚是一轮明月，相坐是一杯咖啡，一个东方才女，一个西方绅士，无须谁来做证，无须问是不是爱情。一个孤单，一个清冷，相遇成暖就是天缘，就是美满，就有了这文艺营里的缠绵。

美好的，无不是匆匆的。赖雅在文艺营的时间到了，要去另一个地方。张爱玲的心隐隐地疼。仅仅两个月，就要别离，可她说不出挽留。赖雅，也给不了承诺。他的财富连自己的日常都难以周全，又怎么能周全得了一个新的婚姻?

张爱玲懂他，知他一贫如洗，临别，将自己仅有的一点钱塞进赖雅的背包。走了，就视他只是窗前曾经的风，惹了一帘摇曳的影。曾经那手握住她，是那么厚厚地踏实，别时，却是颤抖地凉，什么话也没有说。

说什么呢？张爱玲早已看破，她曾经说："现在海枯石烂也很快。"这话，不是冷酷的苛刻，而是一针见血的尖锐。

然而，命运却不想他们就此别过。没多久，张爱玲发现自己怀孕了。她没有惊喜，只有惊讶。他一去，张爱玲以为一切都已经结束，可事情到了这地步，张爱玲怎么可以一个人面对？她在不安中将这消息告诉了赖雅。

赖雅深知张爱玲的善良，原本就有不舍。离开，是希望张爱玲能得到一份富足的幸福。可到了这时，他再也不能躲避。

赖雅急忙回信，向张爱玲正式求婚。

孩子，是赖雅心头的愁，也是张爱玲心头的愁。

张爱玲一生辗转，却没学会照顾自己，如何面对孩子？她想到了自己和母亲。她在书里说："她（九莉）从来不想要孩子，也许一部分原因也是觉得她如果有小孩，一定会对她坏，替她母亲报仇。"一年年历经风霜，她也懂对母亲太过冷酷，可她已经管不住自己，在母亲和诸多亲人这里，她的感情越滑越远。

一个不敢要孩子，一个不想要孩子。赖雅和张爱玲斩钉截铁地做出了堕胎的决定。张爱玲终究以自己的自私亲手断送了做母亲的机会。或许，张爱玲没有享受过天伦之乐，她也给不了别人天伦之乐。她不想有个孩子，和她一起双双受折磨。

1956年8月，张爱玲答应了赖雅的求婚。

张爱玲有了赖雅，从此依了他的姓，烙上他的印鉴。冷里暖里相随，风里雨里同舟。他老了，但却有情话涟漪，有童心悠扬，有幽默浮浪；他还会一手厨艺，为张爱玲煨文思，暖才情，蒸一屋缭绕的香。而且，他们彼此还有心灵的默契。

张爱玲说：

“我们很接近，一句话还没说完，已经觉得多余。”

张爱玲给邝文美写信说：

“这婚姻说不上明智，但充满热情……我很快乐和满意。”

10月，赖雅突然又中风了，这是他的老毛病。张爱玲一边精心地照料着赖雅，一边坚持着自己的创作。日子本就清寒，这样一来就更多了一份艰辛。这样一个风雅无边的贵族才女，硬生生地竟学会了日常料理。

不知有多少人劝她放弃这个疾病缠身的老头，张爱玲却不舍，因为赖雅即便躺着，也是一个有趣的灵魂。

在《上海往事》里，赖雅和张爱玲有一段对话。那时候，赖雅的中风基本好了。那天，他拖着一条瘸腿，像孩子一样引着张爱玲看他们的新居。因为手中拮据，屋里没有什么陈设，赖雅很感愧疚。张爱玲说："我很喜欢。如果你看见我在香港住的地方，你就会知道这里是天堂。"赖雅说："不，在你没回来之前不是。只有你在，这儿才是天堂。"

这样的赖雅，张爱玲怎能不爱？她前半生所缺的，正是这样一片精神的沃土。

风雨飘摇

张爱玲嫁了赖雅，以为从此可放下行囊，同享安好时光。张爱玲还是太单纯了。

赖雅的笔已经和他的年纪一样老迈了，赖雅的才情已经枯萎，甚至可以说干涸了。赖雅这个所谓的自由撰稿人，已经不能靠写作为这个家带来点滴进项，赖雅唯一的收入就是那点微薄的抚恤金。

张爱玲在文字里苦苦探寻，却找不到从前的节拍，稿费收入也是微乎其微。

太难了！最难的时候，张爱玲不得不变卖母亲的一些遗物来维持生活。她打开那箱包，愣怔许久，拿起一件，又慢慢放下，放下，又

慢慢拿起。在这犹豫里，她是痛苦的。

张爱玲婚后一年，黄逸梵客死伦敦地下室。

当时，黄逸梵自感油尽灯枯，在病榻上，写信到美国，希望张爱玲能去英国，见她一面。

或许天才的思绪总是异于常人，或许是因为母女积怨多年难化解，面对母亲“见一面”的请求，张爱玲以为母亲已经穷困潦倒得无钱支撑，甚或连医病的费用拿不出来。好吧，那就寄些钱去。

在张爱玲的想法里，自己毕竟是欠母亲的。她还记得，那年，母亲最后一次回上海，她拿出钱来给母亲，说是还母亲为她的付出。惊讶的母亲只是流泪，却怎么也不肯收。是时候还了。张爱玲终究没有理解母亲当年的眼泪，更没有理会“我现在唯一的愿望就是见你一面”的疼。

张爱玲在给邝文美的信中说：

“我没法去，只能多多写信，寄了点钱去，把你于《文学杂志》的关于我的文章都寄了去，希望她看到了或者得到一星星安慰。后来她有个朋友来信说她看了很快乐。”

黄逸梵躺在床上，目光空洞。

张爱玲没来，来的只有信，是的，还有钱。

她想见的，只是张爱玲。

对于在外漂泊的母亲，女儿是她心中的月亮，是那家乡的明月。奄奄一息的那一刻，她懂了，那月亮已经不是家乡的月亮，已经是可望而不可即了。

几个月后，张爱玲收到了母亲的遗物，箱子不大，满满当当的古董，还有一张张爱玲在上海圣玛利女校时的照片。

张爱玲对自己做过的事，即便知错，却从来都说不悔。

对母亲，不管怎么说，她应该有愧。

张爱玲因此大病一场，两个月后才稍微好转。

张爱玲没有做过母亲，恐怕永远都不懂母亲。张爱玲在生命最后的旅途中，虽然和母亲一样踯躅在异国他乡，但最后她将身后的一切交给的不是至亲，而是朋友。在张爱玲心里，她已经没有至亲，甚至没有了亲人。

张爱玲一边照顾着赖雅，一边抽出时间写一些文字。

清贫还好，但赖雅病情的反复让日子倍加艰难，生活再没有了红酒的浪漫和咖啡的浓情。

张爱玲毕竟年轻，总觉得好日子就会到来，她用这样的念想鼓励

赖雅，也鼓励自己。

赖雅经历了死神一次又一次的恐吓后，再不是那个积极乐观的绅士，他时不时地发出一声哀叹：“我们的好日子在哪里啊？”

赖雅是一点雄心也没有了，张爱玲的宽慰已经起不到一点作用。他那因中风而落下后遗症的右腿，总是拖在身后，让他行动不便，他还能有什么想法呢？但心，还是有的。那天，他望着张爱玲在灯光下奋笔疾书的背影，忽然就想帮帮自己的女人，他搬了几本资料，准备递过去。然而，这些微的重量也是他无法承载的，他一下子就扑倒在了地上。赖雅再次被送进了医院。

两个人的日子，笼罩在穷途末路的压抑中，有着外人无法想象的困窘。

婚后第五年，为了给丈夫治病，为了养风雨飘摇的家，张爱玲不得不去香港、台湾地区寻找机会。

听到张爱玲说出这个决定，赖雅先是惊讶，既而变得惊恐，甚至绝望。几年来，他们的生活几乎是靠着张爱玲那薄薄的稿纸来包裹着。精神上，他更加依赖张爱玲。他怕张爱玲离开他，再不回来。在风烛残年里苟延残喘的赖雅，如何承受得起？

张爱玲向来是果决的，从不肯拖泥带水。她望了一眼赖雅，转身离去。

她想像得到身后的赖雅，是怎样的伤心，甚至会像孩子一样哭泣。可她是无奈的，若再不出击，就只能坐以待毙。

1961年10日，张爱玲乘坐的飞机降落在台北。

这次出行，张爱玲选择了飞机，飞机没有轮船那样风浪里的摇摇摆摆，而且更直接，更快速。这正是张爱玲想要的。她曾说：

“时间加速，越来越快，越来越快，繁弦急管转入急管哀弦，急景凋年倒已经遥遥在望。”

此时，时间的紧迫感胜过一切，所以她要直接，要速度。她想在赖雅有生之年里，给他充足些的阳光。

那时，张爱玲的作品因为获得了读者的逐渐喜欢，已经成为台湾地区各大报刊刊登的热稿。台北的迎接是隆重的，如那果实累累的秋天，每一缕空气里都散发着芳香。

前来迎接张爱玲的，有她原来在香港美新处时的上司理查德·麦卡锡，其时正好调到台湾地区任职，还有白先勇、王文兴等等，诸多台北《现代文学》杂志社的编写骨干。

宴席是热烈的，面对这已经久违的场面，张爱玲没有丝毫的拘谨。台湾，虽然张爱玲这是第一次来，但一点也不陌生，反而这让她

觉得亲切。

台湾岛，隔了窄窄的海风，可与大陆相望，终究两地是同一轮月亮。比起新罕布什尔州，比起香港，更能让她身心交融。

在一众台湾地区作家的眼里，张爱玲是清瘦的，是颇有神采的，她那种轻灵的语调带着淡淡的女子的羞涩和唯美。所以，大家是喜欢的，气氛也就异常的轻松和自在。

陈若曦说："这真是我见到的最可爱的女人，虽然同我以前想象的不一样，却丝毫不曾令我失望。"

席间，张爱玲和王祯交谈最多，她对王祯说："看过你的《鬼·北风·人》，真喜欢你写的老房子，读的感觉就好像自己住在里边一样。"一个偶像，竟然向自己说这样的话，这让年轻的王祯喜出望外。王祯趁机又说起老家花莲的美，并说愿意陪张爱玲去那里走走看看。更让王祯没想到的是，张爱玲竟然答应了。

张爱玲此行还有一个重要的设想，为自己的长篇小说《少帅》搜集素材。但当时张学良还在软禁当中，采访没有获准，而关于少帅的一些资料，自然也不能如愿获得。张爱玲重重地叹息了一声，甚是失望。

叹息之后，张爱玲还是深感欣慰的，因为还有花莲的相约。在王祯的作陪下，她奔向了台东的那片乡村。一个星期的逗留，那里的山，那里的水，还有那里美轮美奂的大月亮，让她的心生出了久违的柔软和芳香。

这趟台东之行是令人沉醉的。张爱玲沉醉在迷人的风景中；让王祯沉醉的是张爱玲。他欣喜地说："她那时模样年轻，人又轻盈，在外人眼里，我们倒像一对小情人，在花莲人眼里，她是'时髦女孩'。因此，我们走到哪里，就特别引人注意。我那时候刚读大二上学期，邻居这样看，自己好像已经是个'小大人'，第一次有'女朋友'的感觉，喜滋滋的。"

张爱玲一路欣赏着台湾的美景，而他人也一路欣赏着她。

在潮暗的地方待了太久的张爱玲，在突然的阳光下绽放出了她最初的美丽。

然而，一个消息，让张爱玲美好的行程不得不戛然而止。

赖雅，又中风了。

张爱玲匆匆折返台北，在将要购买回去的机票时，她发现自己的钱是不够的。向朋友借一些是可以的，可回到家呢，面对赖雅，日子会更糟糕。又一通来自大洋彼岸的电话，让她决定不再回去。赖雅的病情，大有好转了。

张爱玲必须为今后的日子做些打算，她决定再赴香港，那里毕竟有邝文美和宋淇。他们，应该可以帮帮她。

飞机又一次起飞了，舷窗外，她看到了普照大地的那弯月亮。

艰辛岁月

肆

美国的天空是灰暗的，张爱玲的日子过得无比艰辛。

1961年初冬，张爱玲抵达香港。

香港，张爱玲这是第三次来了。

第一次，正青春，逃离父母，追梦逐远，在香港踌躇三载，却因战火抱憾，返回上海。

十年后。

第二次，正伤痛，斩断情感，事业沉寂，再回香港盘桓三年，打点沧桑，终向远方。

六年后。

第三次了。又到港岛，素衣着霜。

每一次风雨飘摇中，都受香港眷顾，都被香港收留。每一次，却都留她不住。

邝文美和她的丈夫宋淇，他们都是张爱玲的挚友。虽然是很久没有相见，但却一直书信来往，牵挂着彼此。尤其是宋淇入职香港电懋公司以后，力邀张爱玲编写剧本，并给她谋取最高的酬劳。也正是《情场如战场》《桃花运》《人财两得》等等几部剧本的推出，让张爱玲的生活，不至于山穷水尽。

见到好友邝文美，张爱玲心中好不感慨。六年一别，人不见老，心事却已老。张爱玲远走海外的时候，从没想过再回来，不成想，曲曲折折、兜兜转转，不得不又回来。

困境之中，再次见面，宋淇果然没有让张爱玲失望。经过和公司高层协商，他们决定由张爱玲将《红楼梦》改写成电影剧本。真是天大的好消息，《红楼梦》可以说是张爱玲一生的至爱，对张爱玲来说不是难事，而且颇合心意，很快张爱玲就投入到了创作之中。

张爱玲是倾心的，也是倾情的，这次创作，她付出了从没有过的认真和细致。在狭窄的租处，那毫不明亮的光影里，张爱玲伏案疾书。窗外，是一片璀璨，可她两耳不闻喧闹，两眼不见斑斓。

张爱玲的这个《红楼梦》剧本，是细致入微、风雅无边的。然而电懋公司要的却不是这种精雕细镂的华贵之物，他们要的是大众的，是市场的，是热闹的。

张爱玲交稿之后，剧本没有得到认可，只得进行修改。这期间，赖雅的信一封接着一封，希望她早点回去。张爱玲只能一边修改着剧本，一边给赖雅认真地回信。

写作的困顿，对赖雅的牵情，让张爱玲有些焦虑，她每天都觉得自己快撑不住了。腰身疼痛、眼睛充血等症状直接影响了张爱玲的状态，但她又不得不用各种方式，调动着自己的精神，修改，再修改。

经过一次又一次精心的打磨，《红楼梦》剧本上下两部，又一次交了上去。沉甸甸的文稿，就像张爱玲沉甸甸的心。这时的张爱玲已经一点不期望什么惊喜，她只希望宋淇能早点将稿费递到她的手上，让她从容地飞回去。然而，宋淇夫妇却一点消息都没有，就好像一切都没有发生过。

张爱玲默默等着，等待中，她身体状况更差了，可为了一个切实的结果，她不得不滞留香港。

张爱玲不敢闲着，在等待中编写了一个廉价的剧本，除此之外，几乎一无所获。等待是漫长的煎熬，张爱玲一次次回信，安慰着赖雅的焦虑和不解。

五个月，漫长的五个月后，张爱玲等不下去了。一片面包，一杯清水的日子都要维持不下去了，更不要说及时写信给赖雅。张爱玲不得不向邝文美借些钱款。

1962年3月16日，带着一身冬日的寒意，张爱玲飞离了香港。

在华盛顿新租的房子里，张爱玲又见到了倚在壁炉旁像个大大的玩具熊的赖雅。

华盛顿的天空是灰暗的，张爱玲的日子过得无比艰辛。

赖雅在垂暮的时光里一呼一吸，张爱玲紧握着笔靠文字赚生活。好在还有一位又一位朋友的帮助，日子就这么过去了。

1966年，张爱玲长篇小说《怨女》在香港《星岛日报》连载。

这一年，长篇小说《十八春》改名《半生缘》出版。

第二年，在夏志清的好友刘绍铭推介下，张爱玲成为纽约雷德克里芙女子学院的驻校作家。

同年，皇冠出版社的创始人平鑫涛慕名找到张爱玲，并隔着一片太平洋签约了张爱玲作品的出版权。签约之后，平鑫涛陆续推出了张爱玲作品，让张爱玲的热度绵延不断、漫卷四方。

夏志清，一个对张爱玲赞美有加的人。曾在其专著《中国现代小说》里极力推荐张爱玲。

平鑫涛，一个慧眼如炬的人。是平襟亚的侄子，平襟亚就是当年

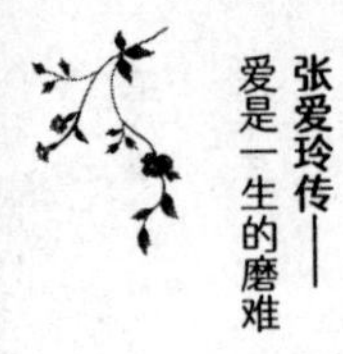

和张爱玲有过稿费纠纷的《万象》杂志的老板。

张爱玲的作品继续在港台地区升温，或报刊连载，或单行本出版，各种好消息次第绽放。

一切都像张爱玲人生传奇新的修订和再版。

张爱玲的春暖花开，似乎终于来了。

10月，赖雅在这样一个收获的季节，凝固了他的最后一次呼吸。赖雅的晚年是穷困的，但一定是幸福的，因为他有张爱玲。

赖雅走了，张爱玲收拾行囊，自言自语：

“我有时觉得，我是一座孤岛。”

赖雅走了，留下张爱玲独自守着一颗无处安放的灵魂。

或许，收起悲伤，张爱玲还有繁华的半生。

然而，张爱玲转过身，那悲伤早已碎裂满地，任乱风吹散在岁月里，再也无从拾起。放得下的，放不下的，都已经离她而去。

她孤独地生活着，陪伴左右的，是笔，是纸，是打字机。她不再愿意出门，偶尔戴了假发，穿过宽宽的大街，去远远的那端银行取些钱回来；然后打电话，叫商场的送货员送些生活必需品。偶尔，出门将一袋一袋的废弃之物，投进外面的垃圾桶里就转身回来。

张爱玲无心于琐碎的交往，拒绝着琐碎的交往。

张爱玲在加州大学伯克利分校中国研究中心任职时身为助理的陈少聪，回忆起张爱玲的时候感叹：

“这大半辈子以来，与不少名人有过擦肩而过的缘分，但至今依旧教我觉得深为怅惘的，莫过于与张爱玲的一段特殊际会。

“我和她同一个办公室，在走廊的尽头。开门之后，先是我的办公园地，再推开一扇门进去里面就是她的天下了。我和她之间只隔一层薄板，呼吸咳嗽之声相闻。她每天大约一点多钟到达，推开门，朝我微微一粲，一阵烟也似的溜进了里屋，一整个下午再也难得见她出来。

“隔着一层板壁，我听见她咳嗽，她跌跌撞撞的脚步声。我是张爱玲周边一名蹑手蹑脚的仰慕者。方圆十英尺之空间内我们扮演了将近一年的哑剧。我是如此地渴望沟通与相知，而她，却始终坚守着她那辉煌的孤绝与沉寂。”

陈少聪这篇《与张爱玲擦肩而过》，真实地再现了那时的张爱

玲。张爱玲，就是这样侧身走过大街热闹的人群，侧身走过同事的身边，坚守着自己的孤寂。

水晶可能是张爱玲隐退深处之前唯一的客。

1970年9月，水晶赴美深造，进入张爱玲所在的加州大学伯克利分校。作为张爱玲的仰慕者，水晶自然是喜不自禁。他一次次登门，一次次预约，都遭到了拒绝。转眼一年的学期将近，水晶实在不忍擦肩而过，他犹豫了许久，终于又小心翼翼地拨通了张爱玲的电话。

那扇门出人意料地为他打开了，水晶轻轻地走了进去。

“她的起居室有如雪洞一般，墙上没有一丝装饰和照片，迎面一排落地玻璃长窗。她起身拉开白纱幔，参天的法国梧桐，在路灯下，随着扶摇的新绿，耀眼而来。远处，眺望得到旧金山的整幅夜景。”

她说着自己长长短短的文字，谈着自己旧旧新新的篇章，毫无禁忌真诚倾吐。夜，渐渐深了，他们谈话也是渐渐深了。张爱玲手中的咖啡，刺激着她滔滔不绝的激情。这一次长谈竟有七八个小时之久。这似乎是张爱玲一生中，与朋友之间，最倾心的一次长谈，也可能是最后一次长谈。

之后不久，张爱玲离开了加州。

水晶回忆张爱玲说：

“我想张爱玲很像一只蝉，薄薄的纱翼虽然脆弱，身体的纤维质却很坚实，潜伏的力量也大，而且，一飞便藏到了柳荫深处。”

后来，当年曾陪张爱玲在台湾游玩的王祯曾满怀热情地登门去拜访张爱玲，那门，却始终没有打开。王祯，只好悻悻而去。

慕名而来的，不只王祯，还有更多熟悉的人；悻悻而去的，也不只王祯。

生命简单到只有自己也好，曾经的过往，太过纠心，太过纷扰，太过喧哗，甚至太过苦难。

伍 我的故事要结束了

1971年，张爱玲辞去最后一份工作，离开加州大学。转年，张爱玲移居洛杉矶，开始幽居生活。

人，总是要退场，不管舞台多么华丽，不管掌声如何热烈，谢幕是迟早的事。

张爱玲一步步退去，退向寂静的深处，就算是幕布一次次重新拉开，那也只是她上海往事的回放。

张爱玲坐在道具间里，只用文字控场，再也不肯登台。偶尔，身影掠过人前，她也已经不以主角的身份示人。

她，只做编剧，任别人在她的剧情里喜怒哀乐。

1972年，张爱玲居洛杉矶，从此隐身在公寓的深门之后，把最后的岁月留给了文学。

《红楼梦》是张爱玲一生的所爱。据张爱玲说，她从小就爱读《红楼梦》，每隔几年就从头看一遍，而且各种不同的版本都看。

这部皇皇巨著，太过宏大，太过细致。研究起来颇费脑神。张爱玲沉浸其中，一研究就是十年。

《红楼梦》写贾、史、王、薛四个家族盛极而衰的红尘一梦。从门庭若市，到人去楼空的这种张弛之美，无不传神。这梦亦幻亦真，似梦如魇。

张爱玲看得痴了，观照到了自己，脑海中是外曾祖父李家、祖上张家、外公黄家、后母孙家这些在旧时代的烟雨里辉煌过的家族。

十年，她潜心于《红楼梦》；十年，她回望家族兴衰。

张爱玲把自己写的《红楼梦》评论，合成一辑，就是那部《红楼梦魇》。

张爱玲还记得，那年，她允诺胡适，一定将《海上花》好好翻译出来。这些年居无定所，浪迹漂泊，既无心也无力。如今，万事皆寂静，正好安心兑现。她埋下头来，开始着力翻译《海上花》，一版为中文，把文言文翻译成白话文；一版为英文。

《海上花》原著叫《海上花列传》，这部小说深为胡适推崇，张爱玲也甚是喜欢。

张爱玲曾给胡适写信说：

“《醒世姻缘》和《海上花》，一个写得浓，一个写得淡，但是同样是最好的写实作品。我常常替它们鸣不平，总觉得它们应当是世界名著。”

用吴地方言写上海的十里洋场。张爱玲读起来，爱极了这乡音的味道，恍惚间好似故地重游，置身于上海的街巷。上海，是回不去的，但还有回得去的念想。

读一句，叹一句，都是上海的过往。

张爱玲对这两部书的偏爱，简单地看起来似乎没有什么异样，毕竟是她一直所喜欢的。然而细细一想，在她离群索居的这时候，如此用心，别有深意。两部书的翻译和研究，也正是张爱玲的回忆。

有人说，褪去繁华，皆是虚空。这虚空是惶惶，这虚空是无措，所以，老去的人们多生回忆，让回忆填充虚空。

五十岁的张爱玲，在老去，也在回忆。

张爱玲最后的作品是散文集——《对照记》，这是她自己真实的过往记录。

在很多人看来，张爱玲是冷艳的，她奔波四处，将亲情一点点丢弃了。至于许多日常物件，那就更不用说，也是一路走，一路抛掉。但让人想不到的是，张爱玲一直保存着一本老旧的影集。那影集几乎都散架了，但她还仔细地珍藏着，包裹了一层又一层。

晚年，张爱玲常将照片一张张散放在地板上，她就坐在被照片围住的圈子里，静静地回忆。

这些照片，她一张一张放进了《对照记》里，她的回忆也一句句写在了《对照记》里。张爱玲就是这样转过身，看着自己那些深深浅浅的脚印，一步一步退远，一步一步归去。

“人老了大都是时间的俘虏，被圈禁禁足。它待我还好——当然随时可以撕票。”

《对照记》收了很多照片，却没有和胡兰成的合影，也没有与赖雅的合照。

1991年，张茂渊在上海逝世，享年八十八岁。收到姑姑去世的消息，张爱玲流下了泪。这个世界上最疼她最爱她的人，也去了。

“一个人死了，可能还活在同他亲近爱他的人的心里——等到这些人也死了，就完全没有了。”

姑姑的去世，让张爱玲再次想起自己曾说过的话。

张爱玲感慨万千，写下一份遗嘱，大意是：

1.尽速火化。

2.骨灰撒于空旷原野。

3.遗物“留给”宋淇、邝文美夫妇处理。

1992年2月17日，张爱玲晚年最好的朋友林式同接到了这份遗嘱。

这实在是太出人意料了，林式同觉得，张爱玲并不老，而且，她的文学生涯似乎正在迎来春天。

然而，张爱玲并不见人，很少有人知道最后几年她是怎么过的，过得怎么样。

实际上，最后的几年里，张爱玲过得很不顺，频繁搬家，其中有一段很短的时间里竟然搬了百余次。

张爱玲曾给友人写信说：

“我寓所蟑螂激增，比以前好莱坞老房子更多十百倍，整天只够忙着做无偿杀虫人，只好还是搬家。”

“虫患”困扰了张爱玲整个晚年。

于是，有了那惊世骇俗的一句：

“生命是一袭华美的袍子，爬满了蚤子。”

1995年9月8日，中午，林式同接到了张爱玲房东女儿的电话——张爱玲，去世了。

张爱玲躺在一张简单的行军床上，她的容貌也是简单的样子，安详而自然。

1995年9月19日，张爱玲的遗体在洛杉矶惠泽尔市玫瑰岗墓园火化。

1995年9月30日，是张爱玲的七十五周岁的生日。因为当地法规不允许将骨灰撒在陆地上，亲朋好友们为她举行了海葬。或许，这更是天意使然，她从波涛中来，再还她一个波涛中去。

骨灰是她的肉身，花瓣是她的灵魂。